드래곤의 전설 이소룡

드래곤의 전설, 이소룡

ⓒ 권정현, 2003

초판 1쇄 발행일 | 2003년 11월 6일
초판 3쇄 발행일 | 2007년 9월 14일

지은이 | 권정현
펴낸이 | 김현주
펴낸곳 | 이룸

출판등록 | 1997년 10월 30일 제10−1502호
주소 | 121−840 서울시 마포구 서교동 395−172 상록빌딩 2층
전화 | 편집부 (02)324−2347, 영업부 (02)2648−7224
팩스 | 편집부 (02)324−2348, 영업부 (02)2654−7696
e−mail | erum9@hanmail.net
Home page | http://www.erumbooks.com

ISBN 89−5707−069−9 (43990)

값 7,500원

● 잘못된 책은 교환해 드립니다.
● 저자와의 협의하에 인지는 생략합니다.

청소년
평전03

드래곤의전설 이소룡

권정현 지음

이룸

차 례

1. 용의 탄생

　—서라!

　짧은 목소리가 골목을 울린다. 다급하게 내닫는 발짝 소리가 사방으로 어지럽게 흩어진다. 시커먼 그림자 하나가 낮은 시멘트 담을 타 넘고 있다. 컹컹컹, 어디선가 개들이 사납게 짖기 시작한다. 그림자는 주변을 살핀 뒤 맞은편 골목으로 뛰어든다. 골목을 내려가자 또다시 좁은 골목이 거미줄처럼 펼쳐 있다.

　—어디로 갔지?

　—저쪽이다!

　사내들의 발싹 소리가 점점 요란해진다. 그들로 인해 조용하던 골목이 소란스러워진다.

"피할 곳이 없다."

날렵하게 골목을 달리던 그림자가 어느 순간, 흠칫 멈춰 선다. 막다른 벽이 앞을 가로막고 있다. 한숨을 내쉬며 그림자는 뒤로 돌아선다. 가로등 불빛이 어렴풋이 골목을 비추고 있다. 불빛 속에 그림자의 얼굴이 점차 드러난다. 열대여섯 살쯤 되었을까. 앳된 얼굴의 소년이다. 소년은 긴장된 표정으로 골목을 노려보고 있다. 크지 않은 키에 가벼운 운동화 차림이다. 헐렁한 검정색 중국옷을 걸치고 있다. 머리카락 사이로 드러난 두 눈매가 날카롭게 느껴진다. 웅웅, 바람이 귓전을 스치고 지나간다. 골목을 따라 내려온 안개가 소년의 발 밑으로 파고든다.

소년은 두 주먹을 불끈 쥐고 중얼거린다.

"어떻게 해야 할까."

가슴이 빠르게 두근거린다. 소년은 숨을 가다듬으며 쫓아오는 사내들을 기다린다. 발소리가 점점 가까워진다. 주변을 두리번거려 보지만 피할 곳이 없다. 스승님이라면 어떻게 했을까. 소년은 스승이 들려준 이야기 한 토막을 떠올리며 마음을 가다듬는다.

적은 우리 마음이 만들어 낸다
적의 움직임에 따라 물이 흐르듯 몸을 맡겨라
마음을 다스리면 적도 물리칠 수 있다

소년을 쫓는 사내들은 모두 셋이다.

멀리서 다시 몇 명의 무리가 달려오는 소리가 들린다. 그들은 학교 주변을 배회하는 불량배들이다. 그들은 골목길에 숨어 기다리다가 집으로 돌아가는 학생들이 보이면 앞을 막아선 채 돈을 빼앗고 손찌검을 일삼았다.

소년의 친구 소기린이 그들에게 돈을 빼앗긴 것은 일주일 전이었다. 무술을 배운 소기린이지만 여러 명을 동시에 당할 수는 없었다. 소기린에게 얘기를 전해 들은 소년은 즉각 학교 주변을 샅샅이 뒤졌다. 마침 소년은 소기린을 괴롭혔던 불량배 하나를 만날 수 있었다. 소년은 불량배를 흠씬 두들겨 패고 다시는 친구들을 괴롭히지 않겠다는 다짐을 받았다. 소년이 떠나자 불량배는 그 사실을 동료 불량배들에게 일러바쳤다. 불량배들은 복수를 위해 소년의 학교 주변으로 몰려들었다. 소년이 집으로 돌아갈 때를 기다렸다가 떼로 뒤쫓고 있는 것이다.

"난 싸우기 싫어. 비켜!"

소년이 불량배들을 향해 소리친다.

"건방진 자식."

불량배 하나가 주먹을 흔들며 앞으로 나선다.

"다치게 하고 싶지 않아."

소년은 담 뒤로 바싹 물러선다. 싸우지 않고 이기는 것이 진정으로 싸움에 이기는 것이라는 스승의 말이 떠올랐기 때문이다.

"누가 할 소리."

불량배들이 한발 앞으로 다가선다. 소년은 피할 수 없는 상황임을 느낀다. 날카로운 기합 소리와 함께 소년의 몸이 땅 위로 솟구친다. 소년의 동작은 물을 딛고 날아오르는 한 마리 새처럼 날렵하다. 때를 같이해 뒤쫓아 온 불량배들도 소년을 향해 달려든다. 소년의 발이 맨 앞에 섰던 불량배의 턱을 번개처럼 때린다. 사내가 턱을 감싸 쥐고 나뒹군다. 땅에 사뿐히 내려섰던 소년의 몸이 곧바로 담을 딛고 뛰어오른다. 동시에 두 번째 불량배가 아랫배를 감싸 쥐고 쓰러진다. 찰나, 세 번째 사내가 주머니에서 칼을 꺼내 든다. 예리하게 다듬어진 칼끝이 소년을 정면으로 겨눈다.

"두려워하지 마라."

소년이 스스로에게 최면을 걸듯 중얼거린다.

"뭐라고 떠드는 거냐."

칼을 든 사내가 소년을 향해 달려든다. 몸을 낮춤과 동시에 소년은 오른쪽 발을 쭉 뻗는다. 달려들던 사내가 중심을 잃고 쓰러진다. 칼이 바닥으로 힘없이 떨어진다.

"다시는 내 친구를 괴롭히지 마."

소년이 차가운 목소리로 말한다. 불량배들이 고개를 떨군다.

"왜, 더 공격하지 않지?"

그들 중에 하나가 묻는다.

"싸우려거든 일어나라. 나는 넘어진 사람을 공격하지 않아."

한마디 던져 놓고 소년은 재빨리 골목을 빠져나간다. 불량배들이 정신을 차리고 일어섰을 때 소년은 사라지고 없다. 방금 무슨 일이 있었냐는 듯 안개만이 골목에 자욱하다. 컹컹컹. 소년이 사라진 방향을 따라 개 짖는 소리가 길게 꼬리를 물고 이어진다.

여기 전설과도 같은 이야기가 있다.

용이 되어 하늘로 올라간 한 남자에 관한 이야기이다. 우리가 그에 대해 알 수 있는 것은 많지 않다. 세월이 흘렀기 때문이다. 낡은 필름으로 남은 영화 서너 편과 몇 권의 무술 서적이 있을 뿐이다. 그리고 몇몇 잡지와 신문의 기사들이 그의 짧았던 삶을 이야기하고 있다. 그 기억들은 이제 희미하다.

한 남자가 맨손으로 악당들과 격투를 시작한다. 남자의 몸은 춤을 추듯 유연하다. 날카로운 기합 소리와 함께 남자의 몸이 뛰어오른다. 악당들이 들고 있던 칼과 곤봉 들이 그의 발차기에 힘없이 떨어져 내린다. 2미터의 거구 압둘 자바도, 세계 무술 챔피언 척 노리스도 그의 상대가 되지 못한다. 무기를 들고 떼로 몰려드는 불량배들도 결코 그를 이기지 못한다.

브루스 리, 이소룡.

무술로 세계를 주름잡던 불멸의 스타를 꼽으라면 가장 먼저 떠오르는 이름이다. 그가 세상을 떠난 지도 어언 30년이 지났다. 결코 짧지 않은 세월이 흘렀다. 그럼에도 이소룡은 여전히 많은 사람들의 가슴 속에 살아 있다. 그는 단순히 무술 영화에 출연하고 또 그중 몇 편에서 주연을 맡은 것이 전부인 연기자는 아니었다. 그는 실전 무도를 몸에 익힌 당대 최고의 무술인 가운데 한 사람이었다. 또한 그는 미국에서 최초로 스타의 위치에 오른 동양인 배우였다. 이소룡이 등장하기 전까지만 해도 미국 영화 속에서 동양인의 활약은 보잘것없는 것이었다. 백인의 하인이나 막노동을 하는 사람, 악독한 살인자나 정신 이상자 등 동양인은 부정적인 인물로 그려지기 일쑤였다. 주인공 역할은 상상도 할 수 없는 일이었다.

하지만 이소룡의 등장과 함께 이런 이미지들은 바뀌었다. 이소룡을 보며 서양인들은 점차 동양의 문화와 역사에 관심을 갖게 되었다. 그러한 관심은 동양 무술에 관한 이해로 이어졌고 너도나도 동양인 무술 도장으로 몰려드는 계기가 되었다.

이소룡은 무술을 배우기에는 치명적인 신체 조건을 가지고 있었다. 한쪽 다리가 다른 쪽에 비해 2.5센티미터나 짧았던 것이다. 시력도 형편없었다. 지독한 근시여서 가까운 곳의 사물을 구별하는 일조차 늘 애를 먹었다. 그러나 그러한 신체적 조건들이 무술을 향한 한 인간의 집념에 장애가 되지는 못했다.

동양인이라는 출신 성분 또한 그를 할리우드 무대에서 여러 번 좌절

시켰다. 하지만 그것 역시 이소룡의 앞을 막지는 못했다. 서른셋의 짧은 삶을 살았지만 어느 한 사람의 인생이 이렇듯 강렬했던 적은 흔치 않다. 이소룡은 자신의 부족한 점을 메우기 위해 끝없이 노력했다. 단 한순간도 자신의 꿈을 향한 걸음을 멈추지 않았던 그의 이야기는 마침내 우리의 기억 속에서 신화가 되었다.

1940년 11월 27일.

이소룡은 미국 캘리포니아에 있는 한 중국인 병원에서 태어났다. 그날 병원 한쪽에 있는 분만실에서는 몇 시간째 신음 소리가 들려오고 있었다. 식은땀을 흘리며 괴로워하고 있는 사람은 작은 몸집의 중국계 여자였다. 예정일을 훌쩍 넘겨 임신 13개월째, 드디어 아이를 출산하려 하는 것이었다. 그 여자는 중국 상하이 출신의 그레이스 리였다. 아이가 나오지 않아 고생하던 그녀는 곧 자신의 네 번째 아이를 낳는다.

예정일을 넘겼지만 건강한 사내아이였다. 아이는 태어나자마자 병원이 떠나갈 듯 큰 소리로 울음을 터뜨렸다. 너무도 크고 우렁찬 소리였다. 시간이 지나도 아이는 좀처럼 울음을 그치지 않았다. 울음소리가 너무나 컸던 탓에 옆 병실에 있던 사람들까지 아이를 구경하기 위해 몰려들었다. 그런데 이상한 일이 벌어졌다. 사람들이 몰려들어 자신을 빙 둘러싸자 아이가 신기하게도 울음을 뚝 그쳤던 것이다.

그러나 그뿐이었다. 사람들이 사라지자 아이는 또다시 병원이 떠나갈 듯 울음을 터뜨렸다. 그와 같은 일은 몇 번이고 반복되었다. 주변 사람들이 자신을 둘러싸면 아이는 거짓말처럼 울음을 그치고 사람들을 쳐다보았다.

"아기가 사람을 알아보나 봐요."

"신기한 일도 다 있네."

몰려든 사람들이 저마다 한마디씩 했다. 소문은 금방 병원 전체로 퍼졌다. 연일 사람들이 아이를 보기 위해 병실로 몰려들었다. 아이는 사람들을 좋아했다. 아이는 눈을 초롱초롱 빛내며 자신을 쳐다보는 사람들을 향해 방싯거렸다.

그 시각 아이의 아버지는 뉴욕에 있었다. 중국인들이 모여 사는 차이나타운의 한 연극 무대에서 공연 중이었다. 아버지의 이름은 이해천, 그는 중국 광둥 성에서 태어난 월극 배우였다. 월극은 광둥 성에 전해 내려오는 지방 전통 연극을 가리킨다. 홍콩에 살고 있던 이해천은 아이가 태어나기 바로 전해인 1939년 공연단을 이끌고 미국으로 건너왔다. 미국으로부터 공연 초청을 받았기 때문이었다.

연극이 막 끝나고 무대를 내려오던 이해천은 샌프란시스코에서 걸려온 아내의 장거리 전화를 받았다.

"아기가 당신을 닮았나 봐요."

아내 그레이스 리가 기쁨에 들뜬 목소리로 말했다.

"그게 무슨 말이오? 자세히 말해 보구려."

땀을 닦으며 이해천이 물었다.

"아기가 사람들 앞에 있는 걸 유달리 좋아해요."

아내는 기쁜 목소리로 아이의 행동에 대해 얘기했다. 그 말을 들은 이해천은 즉석에서 아들의 이름을 이진번이라고 지었다. 당시 중국인들은 샌프란시스코를 가리켜 삼번시라고 부르고 있었다. 진번은 '샌프란시스코를 뒤흔들며 우렁차게 태어난 아이'라는 뜻을 지닌 이름이었다. 즉석에서 정한 이름이었지만 세월이 흘러 진번이 정말로 세상을 뒤흔들리라고는 누구도 예상하지 못했다.

1940년은 용의 해였고 공교롭게도 아이가 태어난 시각은 용의 시였다. 훗날 한 마리 용이 되어 바람처럼 하늘로 올라간 이소룡에 관한 신화는 어쩌면 이렇듯 미리 준비되고 있었는지도 모른다. 하지만 이소룡이라는 이름은 그가 태어난 시간과는 큰 관계가 없다. 예명 이소룡은 그가 열 살 때 출연한 영화 〈세로상〉을 찍을 당시 영화 제작자가 붙여 준 것이다. 제작진 중의 한 사람이 '큰 용이 작은 용을 낳는다'는 어떤 극장의 홍보 문구에서 힌트를 얻어 지어 준 이름이었다.

이름에 얽힌 재미있는 일화가 한 가지 더 있다. 동남아나 한국에서 이소룡으로 이름이 알려진 것에 비해 일본이나 미국에서는 브루스 리로 통한다. 이소룡의 영어 이름 브루스 리(Bruce Lee)는 병원에서 간호원이 서류 작성을 위해 편의상 부른 이름이었다. 브루스 리라는 이름은 이소룡이 열세 살이 되던 해에 홍콩에서 영어 학교에 등록하면서 본격적으로 사용하기 시작한다.

이해천이 가족을 이끌고 미국에 머물 당시 세계는 전쟁의 소용돌이에 휩싸여 있었다. 유럽 대륙에서는 1939년 독일이 폴란드를 침략하면서 제2차 세계대전이라고 부르는 큰 전쟁이 벌어졌다.

독일과 연합한 일본은 1941년 마지막 발악을 하듯 아시아 대륙에서 태평양 전쟁을 일으켰다. 일본의 수많은 전투기들이 미군이 주둔 중인 진주만을 기습 공격했다. 전선은 순식간에 아시아 전역으로 확대되었다.

공연이 끝났지만 리의 가족은 미국에 발이 묶였다. 전쟁으로 인해 홍콩으로 돌아올 수 없었던 것이다. 이해천은 극단을 이끌고 차이나타운으로 들어갔다. 그곳에 몇 년간 머물며 전쟁이 끝나기를 기다렸다. 가족이 모두 홍콩으로 돌아온 것은 전쟁이 완전히 끝난 뒤였다.

어린 리는 아버지의 영향을 받아 일찍부터 연기에 재능을 나타냈다. 연극배우였던 이해천은 영화에도 종종 출연했다. 이해천의 주변에는 영화판에서 일을 하는 사람들이 많았다. 그 덕분에 단역과 조연으로 리는 어린 시절 이미 대여섯 편 이상의 영화에 출연했다.

소년기에 리는 주로 고아나 부랑아, 깡패 등의 배역으로 출연했다. 전쟁 직후의 비참한 사회 현실을 반영한 영화들이 많았기 때문이었다. 일곱 살 때 홍콩에 돌아왔던 리는 열여덟 살이 되던 해 다시 미국으로 건너간다. 아버지의 어머니가 중국인이었지만 리가 태어난 곳은 미국이었다. 미국의 법에 의해 리는 미국 시민권을 가지고 있었다.

리가 처음으로 영화에 출연한 것은 생후 3개월 되던 해였다. 아버지 덕분에 카메라에 잠깐 모습을 보인 것이다. 본격적인 영화 출연은 여섯 살이 되던 해에 이루어졌다. 1946년 샌프란시스코에서 광둥어로 만들어진 〈금문녀〉라는 영화였다. 광둥어란 중국 말의 홍콩 사투리를 가리킨다. 영화 속 '금문'은 샌프란시스코의 상징인 금문교라는 긴 다리를 가리켰다.

커 가면서 리는 혼자 감쪽같이 사라져 주변 사람들을 놀라게 하는 일이 잦았다. 리는 조금이라도 신기해 보이는 것이 있으면 주저 없이 뒤를 쫓았다.

리가 다섯 살이 되던 해의 일이었다. 차이나타운에 머물던 이해천은 극단을 이끌고 근처에 있는 시골 마을로 순회공연을 떠났다. 어린 리도 어머니와 함께 극단을 따라나서게 되었다. 도시에서 살던 리에게 낯선 시골 풍경은 마냥 신기한 것이었다. 시골 마을로 들어가는 길 주변엔 각종 나무들이 울창하게 우거져 있었다. 이름 모를 곤충과 새 들이 아름다운 소리로 일행을 맞았다.

마을 공터에 이른 일행은 천막을 치고 공연 준비를 서둘렀다. 곧 간이 무대가 만들어졌다. 하나 둘씩 마을 사람들이 몰려들었다. 주변을 서성이던 리는 천막 뒤로 돌아가 보았다. 햇살이 따스하게 비추었다. 그때 무엇인가 알 수 없는 물체가 리의 눈에 들어왔다. 온몸이 새하얀 나비 떼였다. 나비 떼는 공터 뒤편에 심어진 삼나무 숲을 따라 비스듬히 리가 있는 방향으로 날아왔다. 무리를 이룬 나비들은 수백 마리가 넘었다.

나비라는 걸 알 길이 없던 리는 신기한 눈으로 날개를 펄럭이며 날아온 물체들을 쳐다보았다. 눈이 부셨다. 나비들은 무대 주변에 세워진 휘장과 깃발 사이를 빙빙 돌다가 다시 삼나무 숲이 있는 곳으로 방향을 틀었다.

나비 떼가 사라진 방향을 한동안 멍하니 바라보던 리는 갑자기 정신없이 뛰기 시작했다. 길은 숲 안쪽으로 깊숙이 이어져 있었다. 힘겹게 삼나무 숲을 기어오른 리는 점점 더 멀리 나아갔다. 숲 저쪽으로 새하얀 나비 떼의 환영이 보였다. 무엇인가 알 수 없는 힘에 이끌리는 느낌이었다. 어느 순간이 되자 길이 사라지고 높은 절벽이 앞을 가로막았다. 나비 떼는 어디에도 없었다. 리는 서둘러 왔던 길을 향해 걸었다. 길은 어디에도 없었다.

공연이 시작될 무렵 리의 어머니 그레이스 리는 공터 뒤로 돌아가 보았다. 그런데 그곳에서 놀고 있어야 할 리가 보이지 않았다. 뒤늦게 리가 없어진 사실을 알게 된 가족들은 부랴부랴 리를 찾아 나섰다. 마을 노인 하나가 다가와 어린아이가 산으로 들어가는 것을 보았다고 일러 주었다. 곧 수색대가 조직되어 리를 찾아 나섰다. 다행스럽게도 숲에는 리의 발자국이 남아 있었다. 발자국은 점점 숲 안쪽으로 이어졌다. 수색대가 막다른 절벽에 이른 것은 두 시간도 더 지나서였다. 점점 날이 어두워지기 시작했다. 사람들은 리를 부르며 숲 이곳저곳을 떠돌았다.

리를 발견한 것은 저녁이었다. 리는 시냇물이 흐르는 작은 개울가에 쓰러져 있었다. 마을에서 2킬로미터나 떨어진 외딴 곳이었다. 사람들은 어린 리가 왜 그곳까지 가서 쓰러져 있는지 아무도 알지 못했다. 정신을 차린 이후에도 리는 입을 열지 않았다.

그런 일은 그 뒤에도 몇 번이나 더 있었다.

마을에 들어온 떠돌이 마술사를 무작정 따라나섰다가 길을 잃어 극적으로 구조되기도 했고 멈춰 있던 트럭 뒤에 몰래 올라탔다가 이웃 마을까지 간 일도 있었다. 그사이 전쟁이 끝났고 리는 부모를 따라 홍콩으로 돌아왔다.

리가 이소룡이라는 예명을 얻게 된 영화는 두 번째 출연작 〈세로상〉이었다. 〈세로상〉은 미국에서 홍콩으로 이주하여 찍은 첫 영화이기도 했다. 〈세로상〉 출연은 우연한 계기로 이루어졌다. 〈세로상〉은 광둥어로 된 영화로 아홉 살 난 남자 아이가 주인공이었다. 하지만 제작자는 시나리오가 완성되도록 적절한 아역 배우를 찾지 못했다. 할 수 없이 주인공 자리를 비워 놓고 촬영을 진행시킬 수밖에 없었다.

1950년 어느 날, 아버지 이해천은 아들을 데리고 스튜디오에 나갔다. 아버지가 영화를 촬영하는 동안 소년 리는 스튜디오 이곳저곳을 기웃거렸다. 카메라가 돌아가고 많은 사람들이 감독의 지시에 따라 바쁘게 움직였다. 어떤 곳에서는 높은 트레일러에 사람이 올라앉아 있기도 했고 비가 오는 것처럼 물을 뿌리기도 했다. 어린 리의 눈엔 모든 것이 마냥 신기했다. 리는 이리저리 돌아다니며 배우들과 장비를 구경했다.

〈세로상〉의 원작자인 엔호윤이 스튜디오를 배회하고 있는 어린 소년을 발견한 것은 그때였다. 작은 키에 반짝이는 두 눈, 유난히 검은 머리카락, 소년은 그가 지금껏 찾고 있던 주인공 배역에 가장 적당해 보이는 외모를 하고 있었다.

"너, 영화에 나오고 싶지 않니?"

소년에게 달려간 엔호윤이 물었다.

"아빠한테 물어 보세요."

당돌한 말투로 소년이 대답했다.

"너희 아빠가 누군데?"

"저기……."

소년은 야외 촬영장에 서 있는 아버지 이해천을 가리켰다.

〈세로상〉은 당시 최고의 인기를 누리던 신문 연재만화를 영화화한 작품이었다. 리는 소년 깡패 역을 맡았다. 이 영화에서 리는 그의 짧은 인생을 예상이라도 하듯 교통사고로 죽는다.

〈세로상〉에서 어린 리는 말단 공무원인 아버지와 늘 밖으로만 나돌며 집안을 돌보지 않는 가정에 무관심한 어머니 밑에서 자란다. 어느 날 소년은 어머니와 심하게 다투고 가출하여 산으로 들어간다. 갖은 고생 끝에 한 암자에 다다르지만 산중의 생활은 더욱 힘들었다. 암자에서 잡일을 돕던 소년은 다시 암자를 떠나 시내로 내려온다. 소년을 맞이한 것은 소매치기 조직 불량배들이었다. 소매치기 기술을 배우던 소년은 우연히 아버지의 호주머니를 털게 된다. 화가 나서 쫓아오는 아버지를 피해 소년은 있는 힘껏 달아난다. 그때 달려오던 차가 급정거하고 소년은 차에 치여 넘어진다. 자신들의 무관심으로 아들을 잃게 된 소년의 어머니와 아버지가 뒤늦게 후회하지만 이미 소년이 죽은 뒤였다.

이렇듯 아역 시절 리는 〈인해고홍〉을 빼놓고는 대부분 죽는 역할을 맡았다. 아버지로 인해 많은 영화에 조연이나 단역으로 출연하긴 했지만 어린 시절 리의 꿈은 영화배우가 아니었다. 사춘기가 될 때까지 리의 꿈은 의술을 전공하여 박사가 되는 것이었다.

리는 지나칠 정도의 개구쟁이인 동시에 혼자 있는 것을 좋아하는 소년이었다. 또한 리는 틈이 날 때마다 책을 읽는 소년이었다.

한 잡지와의 인터뷰에서 리의 형 피터는 이렇게 말했다.

"리는 그때 가족들이 들어온 줄도 모른 채 정신없이 책을 읽고 있었어요. 화가 잔뜩 나셨던 아버지도 어이가 없는지 허허 웃고 마시더군요."

그 사건은 리가 열두 살 되던 해에 벌어진 일이었다.

또 하루는 저녁 식사 시간이 다 되어도 리가 나타나지 않았다. 특별한 일이 없으면 식사 시간을 지키도록 돼 있었다. 리가 돌아오지 않자 걱정이 된 가족들이 개구쟁이 리를 찾아 밖으로 나섰다. 자주 어울리는 친구들의 집과 학교 주변을 샅샅이 찾아보았다. 친구들은 아무도 리를 보지 못했다고 했다. 리가 자주 들르곤 했던 시내 뒷산에도 가 보았지만 그곳에도 리는 없었다. 가족들은 리를 찾지 못하고 집으로 돌아왔다.

어디선가 낯익은 기침 소리가 들려온 것은 그 무렵이었다. 아버지가 사용하는 서재 안이었다. 어머니가 앞장을 서고 가족들은 서재로 향했다.

문을 열고 들어섰을 때 서재 한쪽 모퉁이에 쭈그리고 앉아 있는 리가 보였다. 가족들이 들어선 것도 모른 채 리는 정신없이 책장을 넘기고 있었다.

"배고프지 않니? 저녁 먹을 시간이 한참이나 지났는데."

안도의 한숨을 내쉬며 어머니가 물었다.

"어, 시간이 벌써 그렇게 되었어요?"

수줍게 웃으며 리는 그제야 책을 덮었다.

"무슨 책을 그렇게 보고 있었니?"

어머니가 다정한 목소리로 물었다. 리가 책을 앞으로 내밀었다. 리가 보고 있던 책은 사람의 몸에 관해 설명해 놓은 옛날 중국 서적이었다.

"왜 이런 걸 읽고 있었지?"

책은 어려운 한문 투성이였고 곳곳에 알 수 없는 그림이 그려져 있었다. 어린 리가 이해하기엔 어려운 책이었다.

"제 몸에 대해 알고 싶어서요."

초롱초롱 눈을 빛내며 리가 대답했다.

리의 이러한 관심은 훗날 절권도라는 독창적인 무술 창시로 이어졌다.

2. 날개를 펴는 용

홍콩으로 돌아온 리는 중학교에 들어가기 전까지 비교적 무난한 시절을 보냈다. 소꿉친구 소기린과 〈인지초〉라는 영화에 출연하기도 했지만 개구쟁이로서 보낸 평범한 소년기였다.

그러나 〈인지초〉에 등장하는 권법 장면은 리에게 큰 영향을 끼쳤다. 그것은 훗날 리가 무술계에 들어서는 하나의 중대한 이유로 작용하게 되었다. 뒤에 〈인해고홍〉을 찍으며 쿵후를 접하게 되지만 리가 제대로 무술을 배우게 된 계기는 열세 살 때 벌어졌던 학교 친구와의 싸움 때문이었다.

리는 이럴 때부터 떠어난 싸움꾼이었다.

리는 누구보다 남에게 지는 것을 싫어했다. 가는 곳마다 골목대장이 되어 뽐내길 좋아했다. 리의 주변에는 늘 또래의 소년들이 몰려들었고 리는 그들과 어울려 이곳저곳으로 돌아다녔다. 중학교에 다니던 어느 날 리는 빼빼 마른 학생이 소기린을 괴롭히는 장면을 목격했다. 그 학생과 싸움을 벌인 소기린은 흠씬 두들겨 맞고 나가떨어졌다. 소기린은 리의 둘도 없는 단짝이었다. 복수를 위해 리가 앞으로 나섰다.

"너는 뭐냐?"

빼빼 마른 학생이 물었다. 그는 키도 리보다 한 뼘이나 작았고 체격도 왜소했다. 그러나 아이들은 그가 나타나면 쩔쩔매며 피하기만 했다.

"왜 소기린을 괴롭히지?"

리의 말에 그는 피식 웃으며 대답했다.

"난 강하니까."

"좋아, 승부를 가리자."

마침내 싸움이 벌어졌다.

순식간에 친구들이 모여들어 주변을 빙 둘러쌌다. 그러나 골목대장에 불과했던 리는 그 학생을 이기지 못했다. 그는 몇 년이나 수련한 쿵후 유단자였다. 물론 리는 그런 사실을 알지 못했다. 악착같이 덤벼들었지만 이리저리 몸을 흔들며 그는 여유 있게 리를 쓰러뜨렸다. 리가 있는 힘껏 내지른 주먹은 번번이 빗나갔다. 반면에 가볍게 내지른 그의 주먹은 정확하게 리의 몸을 강타했다. 거리를 두는 게 불리하다고 느낀 리가 접근을 시도하는 순간 동급생의 발이 리의 머리를 향해 날아들었다. 현기증이 일었다. 리는 머리를 감싸 쥐고 나뒹굴었다. 태어나서 처음으로 당한 패배였다.

머리가 찢어지는 부상을 입고 리는 피를 흘리며 급히 양호실로 업혀 갔다. 양호실에서 정신을 차린 뒤에야 리는 자신이 상대했던 동급생이 쿵후 유단자라는 사실을 알게 되었다. 리에게 있어 그날의 싸움은 부끄러운 패배였다.

집으로 돌아온 저녁, 리는 곧장 어머니에게 달려갔다.

"쿵후를 배우게 해 주세요."

실력이 부족했기 때문에 싸움에 졌다고 리는 생각했다. 자신도 무술을 배워 보란 듯이 보복을 할 생각이었다.

"갑자기 웬 쿵후냐?"

어머니가 걱정스러운 얼굴로 물었다. 리는 이를 앙다문 채 머리의 상처를 보여 주었다.

"불량배가 되라고 무술을 가르칠 수는 없다."

어머니는 한마디로 거절했다.

"무술을 배우게 해 주세요."

리는 하루도 거르지 않고 어머니를 졸랐다.

"성적이 떨어지지 않는다면 허락하마."

성화에 지친 어머니가 마침내 허락했다. 리는 무술 연습과 함께 학교 공부도 게을리 하지 않겠다는 다짐을 한 다음에야 도장 출입을 허락받을 수 있었다.

"정신 수련에 도움이 될지 모르니 한번 보내 봅시다."

아버지도 선뜻 고개를 끄덕였다.

그렇게 하여 리는 정식으로 무술을 연마하게 되었다.

그러나 리는 이미 서너 살 때부터 태극권(중국 권법의 일종)을 연마해 오고 있었다. 리의 아버지 이해천은 극단 배우이기 이전에 뛰어난 실력을 갖춘 태극권의 고수였다. 이해천은 틈만 나면 장소를 가리지 않고 태극권을 연습했다. 태극권은 중국인들에게 있어 무도이기 이전에 건강을 위해 육체를 단련하는 하나의 방법이었다. 이해천이 태극권을 연마할 때마다 어린 리는 곁에 서서 아버지가 행하는 동작을 유심히 바라보곤 했다.

리가 세 살 나던 해였다. 그날도 아버지는 땀을 뻘뻘 흘리며 태극권 연습에 몰두해 있었다. 그런데 얌전히 의자에 앉아 있던 리가 별안간 아장아장 걷기 시작했다. 걸으며 아이는 팔을 휘젓기 시작했다. 매우 어설펐지만 아버지의 동작을 흉내 내고 있는 것이 틀림없었다.

"여보, 이리 좀 나와 봐요."

아버지가 기쁨에 들뜬 얼굴로 집 안쪽을 향해 소리쳤다. 어머니가 앞치마에 손을 닦으며 달려 나왔다.

"저걸 보구려. 우리 아들이 지금 뭘 하고 있는지."

아버지가 리를 가리켰다. 말을 알아듣기라도 하듯 어린 리는 손을
뻗어 방금 아버지가 행하던 동작을 흉내 냈다.

"그렇지. 손을 이렇게 머리 위로 올려."

리를 앞에 두고 아버지는 줄곧 무술 연습을 시켰다.

초등학교에 들어가기 전에 리는 아버지가 알고 있던 기본 동작들을

전부 따라 배웠다. 태극권은 중국 허난 성에 살던 진씨 집안에 조상 대대로 전승되어 내려오던 무술이었다. 또한 중국 송나라 사람인 장삼봉이 여러 철학 사상과 기공법(호흡을 다스리는 기술), 호신술을 절묘하게 조합해 만들어 낸 것이라는 설도 있다.

태극권은 세월이 흐르며 처음 그것을 시작했던 진가(진씨네 집안)를 비롯하여 양가, 오가, 사가 등 많은 파로 갈라졌다. 그중에서 본래 무술로서의 명맥을 잇고 있었던 것은 당시로서는 진가 태극권뿐이었다. 리가 아버지에게 배우고 있었던 것 역시 무술 수련보다 건강을 강조하는 태극권이었다. 때문에 격렬한 동작을 원하는 리는 태극권에 만족할 수 없었다. 리는 실제 싸움에서 사용할 수 있는 거친 동작의 무술을 원했다.

어머니를 졸라 리가 찾아간 곳은 영춘권을 가르치는 도장이었다. 그 도장에는 엽문이라는 위대한 사범이 관장으로 있었다. 리는 매달 12달러를 내고 본격적으로 영춘권을 배우기 시작했다. 무술 지도를 시작했던 스승 엽문은 리의 신체적 조건과 무술을 향한 남다른 마음에 크게 놀랐다. 리는 영춘권의 기본이 되는 동작들을 사흘 만에 익혀 완벽하게 펼쳐 보였다. 다른 수련생들이 한 달 이상 걸려 소화해 내는 양이었다. 리는 한 가지를 가르쳐 주면 몇 가지 동작을 동시에 응용하는 뛰어난 능력을 보였다.

엽문은 영춘권의 본고장인 중국 광둥 성 사람이었다. 엽문은 영춘권의 대가인 진화순이라는 노인에게서 영춘권을 배운 인물이었다. 당시에 중국 본토는 공산당이 정권을 장악해 나가고 있었다. 사람의 자유를 당이 장악하고 통제하는 공산 정권하에서는 좋아하는 무술을 계속할 수 없었다. 갖은 고생 끝에 엽문은 홍콩으로 탈출했고 홍콩에 영춘권 도장을 열었다.

영춘권의 특기는 빠르게 연속으로 공격하는 것이며, 적과 거리를 가깝게 하여 싸울 때 그 효과를 발휘한다. 영춘권은 엄영춘이라는 젊고 아름다운 여자가 만들었다고 전해지는 무술이었다. 중국 남부에 살던 영춘은 그 미모를 탐낸 산적 두목에게 납치될 위기에 처한다. 머리가 좋고 현명한 영춘은 무예를 갖추어 산적을 물리쳐야겠다고 생각하기에 이르렀다. 영춘은 무술에 조예가 깊은 소림사 비구니 오매를 찾아가 상의했다. 오매는 그녀에게 매화권이라는 무술을 가르쳤다.

피나는 수련으로 매화권을 터득한 영춘은 무술에 있어서 가장 중요한 것은 동작을 행하는 빠른 속도라는 큰 깨달음을 얻고 하산했다. 집에 돌아온 영춘은 그날부터 자신의 신체 조건에 맞춰 권법을 변형시켜 나갔다. 그것이 바로 영춘권의 시작이었다. 1년 뒤 산적 두목이 나타났다. 대결을 청한 영춘은 간단히 산적 두목을 제압했다.

"스승님."

"왜 그러느냐?"

무술을 배우는 틈틈이 리는 스승 엽문에게 질문을 던졌다. 대부분의 제자들은 스승이 가르쳐 주는 동작만을 꼭두각시처럼 반복했다. 그러나 리는 왜 그런 동작을 취해야 하는지 스스로 이해할 때까지 동작을 취하지 않았다.

"가장 뛰어난 무술은 무엇인가요?"

"아무런 동작도 취하지 않는 무술이다."

엽문이 대답했다.

"적과 마주 섰을 때는 그럼 어떻게 하나요?"

"적을 쳐다보지 말아야 한다."

"쳐다보지 않고 어떻게 이기나요?"

엽문이 껄껄 웃으며 대답했다.

"적은 사람의 마음이 만들어 낸다. 적은 실상 없는 것이나 마찬가지인 것이다. 적의 움직임에 따라 물이 흐르듯 몸을 맡겨라. 마음을 다스리면 적도 물리칠 수 있다. 무술의 진정한 실체는 사람의 마음 안에 숨어 있다. 모든 공격과 방어는 두 개가 아니라 하나인 것이다."

스승 엽문은 무술이 잔기술이 아닌 정신으로 이루어져 있다는 것을 깨우치게 하기 위해 노력했다. 쿵후를 배우기 시작하면서 리의 인생은 달라지기 시작했다. 리는 대부분의 시간을 무술 수련에 몰두했고 천부적인 소질로 기술을 익혀 나갔다.

하지만 정신 수양에 도움이 될 것이라는 부모의 기대는 시간이 흐를수록 조금씩 빗나갔다. 리는 그 나이 또래 아이들이 대부분 그렇듯 혈기 왕성한 사춘기 소년이었다. 어느 날 리는 지난번 대결했던 동급생의 앞을 막아섰다. 영춘권을 수련한 지 불과 두 달 만이었다. 그는 가볍게 리의 몸을 밀쳤다.

"아주 죽고 싶은 모양이구나?"

히죽히죽 웃으며 그가 빈정거렸다. 개의치 않고 리는 그를 향해 덤벼들었다. 싸움은 불과 수 초 만에 싱겁게 끝이 났다. 리의 주먹은 순식간에 그의 배를 향해 날아갔다. 전과 비교할 수 없이 빠른 동작이었다. 뒤로 나자빠진 동급생이 겨우 몸을 일으켰을 때 자세를 잔뜩 낮춘

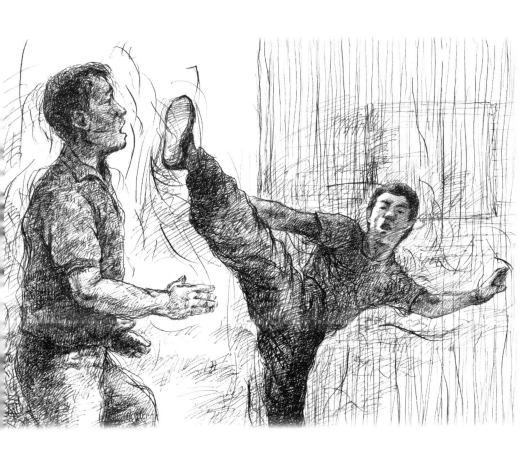

리의 발이 가볍게 그의 발목을 걸어 넘겼다. 다시 일어선 친구가 지지 않겠다는 듯 연속 발차기로 리의 얼굴을 공격했다. 하지만 리는 여유 있게 발차기를 피했다.

"그렇게 느려서야 어디 개미 한 마리 잡겠냐?"

조롱하듯 리가 말했다.

"내가 시범을 보여 주지."

자세를 갖춘 다음 이번에는 리가 발차기를 시도했다. 엄청나게 빠른 스피드였다. 리는 발을 친구의 턱 바로 앞에서 멈추고 조롱하듯 좌우로 발목을 움직였다. 전의를 상실하고 친구는 항복을 선언했다. 손바닥을 탁탁 치며 리가 만족스러운 얼굴로 말했다.

"내가 영춘권을 배우고 있는 줄 몰랐을걸?"

"영춘권?"

놀란 친구가 되물었다.

"그래, 천하 제일 엽문 사부님께 배우고 있다."

리는 도장에서 배운 기술을 실전에 응용하길 좋아했다. 리의 연습 대상은 인근 영국인 학교 학생들이 되기도 했고 학교 주변의 불량배가 되기도 했다. 영국인 학교와 리가 다니고 있는 중국인 학교는 담장 하나를 사이게 두고 서로 이웃해 있었다.

중국이 개항을 거부하자 영국 정부는 함대를 이끌고 중국을 침략했다. 서양의 우수한 군대 앞에 중국은 힘 한번 쓰지 못하고 무릎을 꿇었다. 영국은 곧 식민 지배를 시작했다. 1840년대에 일어난 일이었다. 영국 정부는 유리한 조건으로 자기네 물건을 수출했고 한편으로 중국 인들에게 마약을 판매하였다. 그때의 기억을 가지고 있는 중국인들은 영국인들을 좋아하지 않았다. 중국인들과 영국인들 사이에는 항시 싸움이 잦았다. 리는 영국인 학생들과 의도적인 싸움을 벌여 도장에서 배운 기술을 연습했다.

리는 그 나이 때 대부분의 소년들이 그렇듯 혈기를 주체 못하는 청년으로 성장해 갔다. 시간이 지날수록 리는 거리의 유명한 싸움꾼이 되었다. 웬만한 사람들은 리와 싸우려고 하지 않았고 그가 나타나면 자리를 피하기에 바빴다. 싸움을 시작하면서 리의 주변에는 자연스럽게 거리의 불량배들이 몰려들었다. 그들은 친구가 되기도 했고 적이 되기도 했다. 리는 패싸움을 벌여 경찰에 자주 체포되었다.

낮에는 학교와 도장을 전전했지만 밤이 되면 리는 전혀 다른 사람으로 변했다. 부모가 잠들기를 기다렸다가 재빨리 담을 타 넘어 밤의 세계에 발을 디뎠다. 허리에 쇠사슬을 둘둘 감고 칼을 발목에 숨긴 모습이었다. 그러고는 또래들을 만나 어깨에 잔뜩 힘을 준 채 거리를 걸어다녔다. 아무도 그들의 앞을 막아서지 않았다.

어느 날 동네 운동장에서 지역 청년들이 축구 시합을 벌였다. 공을 뺏고 빼앗기며 선수들이 골을 넣기 위해 안간힘을 쓸 때 한 어린아이가 멋도 모르고 운동장으로 들어섰다. 일곱 살 난 리의 동생 로버트였다. 장난꾸러기 로버트는 흙먼지가 뿌옇게 일고 있는 운동장을 향해 뛰어갔다. 마침 수비수가 내지른 공이 운동장을 가로질러 로버트 앞으로 굴러 왔다. 좋은 장난감을 발견한 로버트가 공을 집어 들었다. 그 바람에 달려왔던 청년이 헛발질을 하며 미끄러졌다. 경기에 지고 있던 청년은 화가 잔뜩 치밀어 로버트를 운동장 밖으로 밀어 넘어뜨렸다. 영문도 모른 채 나뒹군 로버트는 울음을 터뜨리며 집으로 돌아왔다. 그런 동생을 리가 인상을 구기며 맞이했다.

"무슨 일이야! 누가 그랬어?"

로버트는 방금 있었던 일을 형에게 낱낱이 고해바쳤다.

"어디야?"

이야기를 전해 들은 리는 신발을 신는 둥 마는 둥 운동장을 향해 쏜살같이 달려 나갔다. 그러나 방금 전까지 열기로 떠들썩했던 운동장은 텅 비어 있었다. 어찌 된 영문인지 몰라 리는 로버트를 이끌고 학교 수위실로 갔다.

"아저씨, 여기서 공 차던 사람들 보셨어요?"

리를 알아본 수위가 껄껄 웃으며 대답했다.

"글쎄. 다들 급히 어디론가 가던걸."

청년들은 뒤늦게 로버트가 유명한 싸움꾼 리의 동생이란 것을 알게 되었다. 리가 달려올 것을 예상한 그들은 축구 시합을 중지하고 줄행랑을 놓았던 것이다.

권법에 매혹된 리는 시간 가는 줄 모르고 수련에 몰입했다. 길을 걷다가도 갑자기 뛰어오르며 발차기를 시도해 길 가던 사람들을 놀라게 했다. 식사 때도 리는 가만히 앉아 있지 않았다. 주먹을 단련하기 위해 방바닥을 수시로 내리쳤다. 리에게는 보이는 모든 사물이 단련 도구였다. 나무를 향해 손을 휘둘렀고 돌멩이를 공중으로 던진 다음 그것을 돌려차기로 맞추어 떨어뜨렸다.

욕심이 지나쳤던 리는 다른 수련생들을 따돌리길 좋아했다. 사부를 자신만이 독차지하여 배우려고 했던 것이다. 하루는 이런 일도 있었다. 오후 수련 시간이 되어 수련생들이 하나 둘씩 도장으로 몰려들 무렵이었다. 다른 날과 달리 평상복을 걸친 리가 도장 정문을 가로막고 앉아 있었다. 무슨 일이 있는지 근심이 가득한 얼굴이었다.

"오늘은 수련이 없다. 모두 집으로 돌아가라!"

몰려드는 수련생들을 향해 손을 홰홰 내저으며 리가 소리쳤다.

"그게 사실이냐?"

못 믿겠다는 듯 수련생 하나가 물었다.

"그렇다. 사부는 지금 몸이 아파 병원에 가셨다."

사부가 아프다는 리의 말을 누구도 의심하지 않았다. 수련생들이 모두 돌아간 것을 확인한 뒤 리는 도복으로 갈아입었다. 그런 다음 가부좌를 튼 채 넓은 도장 한가운데 앉았다. 홀로 스승 염문을 기다렸던 것이다.

그런 일은 이후에도 몇 번이나 계속되었다. 보다 못한 엽문이 리를 불러 놓고 타일렀다.

"무도 수련은 결과보다 과정이 더 중요한 법이다. 왜 그랬느냐?"

리가 조심스럽게 대답했다.

"저는 속히 사부님의 비법을 배우고 싶습니다."

"모든 일에는 시간과 순서가 있다. 비법을 속히 배워 무엇을 하려고 그러느냐?"

"이기고 싶습니다."

"왜 이기려고 하느냐?"

"궁극(가장 높은 경지)을 느끼고 싶기 때문입니다."

리는 며칠 전 책에서 읽었던 궁극이라는 단어를 떠올렸다. 그 책은 중국의 유명한 학자 장자가 지은 것이었다. 책에는 다음과 같은 인상 깊은 구절이 들어 있었다.

무슨 일이 일어날지라도 그에 따라 함께 흘러라. 그리고 마음을 비워 자유롭게 하라. 현재 무엇을 할지라도 받아들임으로써 중심을 유지하라. 이것이 바로 궁극이다.

리가 이해하기에는 어려운 글귀였다. 책을 읽은 이후 리는 궁극이 무엇인지 생각에 잠겼다. 그러다가 궁극이란 오로지 싸움에서 이기는 것이라고 결론을 내리게 되었다.

"어리석다."

엽문이 꾸중했다.

"어리석다뇨?"

리가 당황한 얼굴로 물었다.

"무술은 깡패나 되자고 배우는 게 아니다. 궁극을 향한 걸음은 마음을 비우는 것에서 출발한다. 마음을 먼저 자유롭게 하라. 마음을 자유롭게 하되 중심을 유지하라. 궁극은 그 다음에 온다."

리는 스승의 말을 도저히 이해할 수 없었다.

"하지만……."

리는 쉽게 수긍할 수 없었다. 스승은 화가 난 목소리로 말했다.

"안 되겠다. 마음의 평정을 찾을 때까지 수련을 중단해라."

수련을 그만두라는 것은 리에게 있어 청천벽력과도 같은 말이었다.

"사부님……."

애원을 해 보았지만 스승은 못 들은 척했다.

"빨리 무엇을 이루겠다는 생각은 수련의 최대 적이다."

스승은 뒤도 돌아보지 않고 밖으로 나가 버렸다. 다음 날도 그 다음 날도 엽문은 리를 받아주지 않았다.

결국 리는 스승의 말을 따르기로 결정했다.

모든 외출을 중지하고 리는 한 발짝도 집 밖으로 나서지 않았다. 집에 처박힌 리는 아버지의 서재에서 이런저런 책을 뒤적이며 시간을 보냈다. 도대체 마음의 평정이란 무엇인가. 스승은 마음의 평정을 유지한 뒤 수련을 계속하라고 했다. 몇 주일이나 생각에 잠겼지만 스승이 내린 말의 참뜻은 도무지 알 수 없었다.

답답한 마음에 리는 바닷가로 향했다. 그곳에서 배를 얻어 타고 해안을 벗어나 노를 저어 나갔다. 시끄러운 소리들이 멀어지고 파도만이 가볍게 뱃전을 울렸다. 저만치 홍콩 시내의 야경이 찬란하게 불을 뿜었다. 노 젓기를 중단하고 리는 생각에 잠겼다.

도대체 마음의 평정이란 무엇인가. 그동안 나는 무엇을 위해 무술을 연습해 왔는가. 나에게 있어 무예란 무엇인가.

머리가 꽉 막힌 듯 답답했다. 알 수 없는 분노가 온몸을 타고 흘렀다. 마음이 혼란스러웠다. 리는 손바닥으로 바닷물을 정신없이 내리쳤다. 주변의 물결이 요동하며 배가 흔들렸다. 물이 튀며 몸이 순식간에 젖어 들었다. 그때 불현듯 이런 생각이 찾아들었다. 그렇다! 무술이란 혹시 저 바닷물과 같은 것이 아닐까. 리는 손을 들어 다시 정신없이 물결을 내리쳤다. 손을 멈추자 출렁이던 물결은 이내 잔잔해졌다. 잠시 주변으로 흩어졌을 뿐 바닷물은 그 자리에 처음처럼 존재했다.

한동안 생각에 잠겼던 리는 두 손으로 바닷물을 퍼 올렸다. 물결은 따스했다. 부드러운 기운이 손을 타고 전해졌다. 마음을 가라앉히고 리는 배 위에 드러누웠다. 물결에 배를 맡긴 채 리의 몸은 조용히 흔들

렸다. 몸과 물결, 배가 하나로 합쳐지는 순간 조금의 잡생각도 섞이지 않은 평화롭고 맑은 마음이 찾아들었다. 어떤 위기 앞에서도 흔들리지 않으며 어떤 상황에서도 서두르지 않아야 한다는 스승의 가르침을 몸으로 직접 체험하는 순간이었다.

다음 날부터 리는 스승의 가르침을 착실하게 좇았다. 3년 동안 리는 영춘권을 대부분 터득했다. 무술을 배우기에 리는 천부적인 재능을 타고난 사람이었다. 누구보다 몸이 날렵했고 한번 가르쳐 준 동작은 절대 잊어버리지 않았다. 또한 리는 기본 동작 위에 새로운 동작을 응용하여 더욱 파괴력이 큰 동작을 만들어 냈다.

영춘권을 익힌 이후에도 리는 당랑권, 소림권, 권투 등 각종 무술을 두루 섭렵했다. 학교가 끝난 뒤에도 대여섯 군데의 도장을 돌아다녔다. 한번 시작한 것은 무엇이든 끝장을 보고야 마는 성격이었다. 대충대충 배우는 법이란 결코 없었다. 학교 권투부에 가입한 뒤에는 홍콩 학생 챔피언이 된 이후에야 권투를 그만두었다. 1958년에는 소한생이라는 유명한 권법가를 찾아가 공력권(손을 주로 사용하는 무술의 일종)을 배우기도 했다. 영춘권의 창시자 엄영춘이 그랬듯 리는 새로운 무술을 배울 때마다 그것을 자신에게 가장 적합한 동작으로 변형시켜 나갔다. 이러한 리의 노력은 훗날 '절권도'라는 새로운 형식의 무예로 빛을 보게 되었다.

무예를 배우며 싸움꾼이 되어 가긴 했지만 리는 여전히 다른 동급생들과 다름없는 사춘기 소년이었다. 그 시절 리는 몸이 몇 개라도 모자랄 판이었다. 무술을 연습하는 한편 틈을 내 여자들과 데이트를 즐겼다. 여자들은 수시로 바뀌었다. 남학생들은 싸움꾼에 잘난 척하기 일쑤인 리를 멀리했다. 리가 무술을 수련하고 불량배들과 어울리면서 친구들은 하나 둘씩 그에게서 멀어져 갔다. 오로지 소기린만이 리의 친구가 되어 주었다. 하지만 외로운 리에게 여자들만큼은 많이 따랐다. 몇 편의 영화에 꾸준히 출연하면서 이름이 꽤 알려져 있던 터라 리의 주변에는 여자들이 끊이지 않았다.

리는 학교에 가기 전이나 외출 전 항상 거울 앞에서 적지 않은 시간을 보냈다. 머리에 기름을 발라 이리저리 넘기고 이옷 저옷으로 갈아 입었다. 때론 한 시간 이상 거울 앞에서 시간을 보내기도 했다. 그렇지만 무슨 일이 있어도 거르지 않는 한 가지 일이 있었다. 그것은 무술 수련이었다. 도장에 가는 일은 한 번도 빠뜨리지 않았다. 데이트 약속은 어겨도 도장에 가는 일은 거르지 않았다. 항상 남보다 일찍 나가고 늦게 도장을 나섰다. 학교 수업은 대충대충 넘어가는 날이 많았다. 그러나 일과 후에는 늘 서너 군데의 도장을 바삐 돌아다녔다.

그 바쁜 생활 속에서도 리는 틈틈이 차차차 댄스를 배웠다. 쿠바에서 유래한 차차차 댄스는 1950년대 중반 홍콩에서 선풍적인 인기를 끌었던 춤의 한 종류로 일종의 스포츠 댄스이다. 온몸에서 뿜어져 나오는 힘을 바탕으로 한 차차차 댄스는 심장의 고동이 느껴질 정도로

박진감 있고 강렬했다.

　리는 다른 일은 다 제쳐 두고 한동안 차차차 댄스 연습에 매달렸다. 결국 그해 벌어진 홍콩 차차차 댄스 대회에서 환상적인 춤 솜씨로 선수권자가 되었다. 하지만 선수권을 따 내자 즉시 차차차 댄스를 그만두었다. 권투와 마찬가지로 누구도 자신의 실력을 따라올 사람이 없었기 때문에 흥미를 잃었던 것이다. 차차차 댄스는 그 후 리가 창안한 무술 절권도에서 힘 있는 동작으로 응용되었다.

3. 태평양을 건너다

중학교 시절 불량소년들과 어울리기 좋아했던 리는 자주 학교에서 쫓겨났다. 때문에 늘 이곳저곳으로 학교를 옮겨 다녀야 했다. 공부도 자신이 좋아하는 과목만 집중적으로 해 갈수록 성적이 떨어졌다. 무술을 배우게 되면서 공부는 언제나 뒷전이었다.

불량배들과의 잦은 충돌은 그를 몇 번이나 죽을 고비로 몰아넣었다. 그대로 있으면 언제 죽을지 모르는 판국이었다. 싸움이 잦아지면서 리는 늘 긴장 속에서 하루를 보냈다. 어디를 가든 주변을 두리번거리고 방어 준비를 먼저 갖추었다. 불량배들이 찾아와 시위하듯 집 주변을 어슬렁거리기노 했나. 티로 인헤 가족들까지 공포에 떨어야 하는 날들이 반복되었다.

"이대로 계속 두고 볼 수는 없어요."

보다 못한 어머니가 아버지에게 말했다.

"나도 같은 생각이었소."

아버지도 동의했다.

아들의 장래를 걱정한 아버지는 그날부터 리의 모든 행동을 간섭하고 나섰다. 아버지는 아들이 빗나간 이유를 영화 출연과 불량배 때문이라고 여겼다. 아버지 이해천은 즉각 리의 영화 출연을 중지시켰다. 나아가 친구들과 어울리는 일도 막았다. 리에게는 학교 생활과 도장 출입만이 겨우 허용될 뿐이었다. 그러나 혈기 넘치던 리가 고스란히 아버지의 명령을 듣고 있을 리 만무했다. 부모 몰래 거리로 나돌기 시작한 리는 다시 싸움에 말려들었다.

어느 날 한 장의 도전장이 리에게 날아들었다.

이웃 중학교에 다니는 학생이 보낸 것이었다. 무술 대련을 하여 진정한 밤의 강자를 가리자는 내용이었다. 알려진 싸움꾼이었던 리는 종종 이러한 도전을 받았고 그것을 한 번도 거절하지 않았다. 대련 장소는 시내에 있는 한 빌딩의 옥상이었다. 약속 시간이 되자 급우들을 잔뜩 거느린 도전자가 나타났다. 먼저 도착한 리는 단신으로 그들을 기다렸다. 상대의 몸을 직접 타격하지 않고 잔기술만으로 상대를 넘어뜨리거나 선 밖으로 밀어내는 것으로 룰이 정해졌다.

대련은 신사적으로 시작되었다. 도전자는 자세를 낮추고 재빠르게 돌진해 왔지만 리의 상대가 되지 못했다. 리는 상대의 몸을 향해 위협적인 발차기를 시도했다. 발은 상대의 몸에 닿기 전에 교묘하게 멎었다. 도전자는 시간이 흐를수록 코너로 몰렸다. 마침내 몸의 중심을 잃고 바닥에 넘어졌다.

"내가 졌다."

도전자가 손을 내밀었다. 리는 일어서는 그의 손을 잡아 주었다. 다음 순간 도전자의 주먹이 번개처럼 리의 얼굴을 향해 날아들었다. 무방비 상태에서 한쪽 눈을 주먹에 맞은 리는 그 자리에 털썩 주저앉았다. 뒤이어 발길이 무차별적으로 날아왔다. 화가 머리끝까지 치민 리는 즉시 반격을 시작했다. 발을 걸어 그를 쓰러뜨리고 주먹으로 얼굴을 쳤다. 도전자의 급우들이 뜯어말린 이후에야 리는 주먹질을 멈추었다.

도전자의 부모는 리를 경찰에 고소했다. 도전자는 이빨이 부러지고 코뼈가 주저앉은 상태였다. 리의 부모가 달려왔고 겨우 합의가 이루어졌다. 집으로 돌아온 다음 날 아버지가 리를 불러 조용히 타일렀다.

"언제까지 이렇게 살 테냐?"

"……."

리는 아무런 대답도 하지 못하고 고개를 떨어뜨렸다.

"너는 미국에서 태어났으니 미국 시민권을 얻을 수 있다. 차라리 미국으로 가서 지금까지와는 다른 삶을 한번 살아 보는 게 어떻겠니?"

그것은 색다른 제안이었다. 때마침 미국에서 한 장의 공문서가 날아들었다. 시민권을 확보하기 위해서는 가을까지 미국으로 돌아오라는 내용이 적혀 있었다.

"더는 망설일 이유가 없다."

며칠 뒤 부모는 리를 차에 태워 항구로 향했다. 1958년 리가 열여덟 살 되던 해의 일이었다. 항구에는 미국으로 향하는 정기 여객선이 출발 준비를 하고 있었다.

"힘들지만 꿋꿋하게 삶을 개척해라."

어머니가 매정하게 말했다. 리의 손에 뱃삯에 해당되는 100달러를 쥐어 주었을 뿐이다. 물론 집에 돈이 없어서 그랬던 것은 아니었다. 그들은 리가 혹독한 시련을 스스로 이겨 내기를 바랐다. 그동안의 나태했던 삶을 반성하고 좀 더 큰 무대에서 성공하기를 마음속으로 빌었던 것이다. 그러기 위해서는 무엇보다 강해져야 했다.

리는 마음이 착잡했다.

홍콩은 리에게 있어 무엇이든 가질 수 있는 꿈의 무대였다. 차차차 댄스 대회 우승으로 인기가 하늘 높이 치솟아 있던 시기였다. 본격적으로 출연한 영화 〈인해고홍〉의 상영이 막 끝난 시점이기도 했다. 최고의 순간 영화를 그만둔다는 것은 쉽게 결정할 수 있는 문제가 아니었다. 그러나 리는 가족들의 뜻을 따르기로 했다. 결심을 굳히자 오히려 마음이 편안해졌다.

'반드시 성공하여 돌아오리라.'

리는 부모를 원망하지 않고 곧장 배에 올랐다. 당장 눈앞의 영화만 생각하여 새로운 현실을 받아들이지 않았다면 훗날의 리는 세상에 존재하지 않았을 것이다. 리는 좀 더 큰 무대를 생각했다. 좁은 홍콩에서 치고받고 싸우는 일로 마냥 시간을 허비할 수는 없는 일이었다. 미국은 리에게 있어 새로운 가능성의 장소였다. 그곳에서 큰 꿈을 꾸고 싶었다.

사람들이 모두 배에 오르자 여객선은 고동을 울리며 항구를 출발했다. 항구는 금세 작은 점이 되어 멀어졌다. 미국은 아득한 뱃길 저편에 있었다. 여객선은 파도를 헤치고 망망대해로 들어섰다. 미국으로 가는 배 안에서 리는 홍콩에서의 지난날들을 되새겨 보았다. 불량배들과 어울리느라 가치 있는 삶을 한순간도 살지 못했다는 생각이 들었다. 부끄러운 생각이 들어 리는 고개를 들 수 없었다.

오랜 시간 시달린 끝에 리는 미국 샌프란시스코에 도착했다. 부두에서 리를 반기는 사람은 아무도 없었다. 낯선 땅 미국은 리에게 있어 좌절과 실의의 장소였다. 홍콩에서는 제법 유명한 배우였지만 미국 땅에서 리는 한낱 동양인에 불과했다.

미국에 도착한 리는 제일 먼저 생계 문제에 부딪혔다. 호주머니에는 겨우 몇 달러의 잔돈이 남아 있을 뿐이었다. 당장 몸을 쉴 잠자리는 물론 끼니를 때울 돈조차 없었다.

리는 이리저리 항구 주변을 떠돌았다. 수많은 사람들이 바삐 어디론 가 걸어가고 있었다. 배들은 쉴 새 없이 들어오고 나갔다. 한 떼의 갈매기들이 출항하는 배 주변을 따라 날고 있었다. 항구를 벗어난 리는 천천히 시내 중심가를 향해 걸었다. 어디로 가야 할지 막막했다. 다시 홍콩으로 돌아가고 싶었지만 여비는 턱없이 부족했다. 저녁이 될 때까지 리는 부랑아처럼 거리를 배회했다.

밤이 되자 더욱 서글픈 마음이 들었다. 리는 공원으로 가 구석진 벤치를 차지한 후 잠을 청했다. 오랫동안 배 안에서 시달린 터라 온몸이 피곤했다. 리는 금방 곯아떨어졌다. 잠이 깊이 들었을 때 누군가 몸을 흔들었다. 가까스로 눈을 뜨니 허름한 행색의 사내가 리를 내려다보고 있었다. 반사적으로 몸을 일으킨 리는 주먹을 쥐고 대항 자세를 취했다. 사내는 말없이 리가 일어난 벤치 위에 드러누웠다. 공원 벤치조차 주인이 따로 있었다. 그곳은 부랑아 사내의 전용 잠자리였던 것이다. 자리를 양보하고 리는 다른 벤치를 찾아 다시 잠을 청했다.

이마로 햇빛이 쨍쨍하게 내리비쳤다.

잠깐 눈을 붙인 것 같았는데 벌써 아침이 밝아 있었다. 공원은 운동을 하는 사람들로 북적였다. 사람들은 모두 밝고 건강해 보였다. 이런 저런 생각에 잠겨 있을 때 번개처럼 한 사람의 이름이 스쳐 지나갔다. 배우로 활동했던 아버지의 친구가 샌프란시스코에 살고 있다는 얘기를 떠올렸던 것이다. 어렴풋이 주소를 기억한 리는 처음 보는 길을 무작정 헤매며 그를 찾아 나섰다.

사람들에게 손짓 발짓으로 물어 가며 돌아다닌 끝에 아버지 친구가 산다는 집을 찾아낼 수 있었다. 중국식으로 지어진 커다란 저택이었다. 문을 두드리자 험상궂게 생긴 백인 여자가 밖으로 나왔다. 여자는 못마땅한 얼굴로 리를 쳐다보았다. 리는 사정을 얘기하고 도움을 청했다. 얘기를 듣던 여자는 매정하게 대문을 닫아걸었다. 리를 부랑아로 오인했던 것이다.

리는 한동안 저택 앞에 앉아 있었다. 다리에 힘이 빠져 걷기가 힘들었다. 저녁이 되어 일어서려는데 저만치에서 한 남자가 이쪽으로 다가왔다. 몸집이 작은 동양인 노인이었다.

"왜 여기서 이러고 있느냐?"

노인이 물었다.

"갈 곳이 없습니다."

리는 동양인을 보자 반가운 마음이 들었다. 리는 사실대로 자신의 처지를 얘기해 주었다. 노인은 그 저택의 주인이었다. 아버지 이야기를 하자 노인은 즉각 리를 알아보았다. 노인은 리에게 당분간 자신의 집에 머물 것을 허락했다.

숙식이 해결되자 리는 번화가로 나가 기웃거렸다. 무엇부터 시작해야 할지 막막했다. 일단 일자리를 찾아야겠다고 생각했다. 어느 곳에 이르렀을 때 화려한 조명이 흘러나오고 있는 건물 지하 출입구를 발견했다. 귀에 익은 음악이 흘러나오고 있었다. 리는 무작정 계단을 밟고 내려갔다. 그곳은 최근에 개업한 스포츠 댄스 교습소였다. 차차차 댄스 홍콩 선수권자였던 리는 댄스라면 누구에게도 지지 않을 자신이 있었다. 흘러나오는 음악에 맞춰 리는 자신도 모르게 흥겹게 춤을 추기 시작했다.

"누구지?"

사람들은 넋을 놓은 채 갑자기 뛰어든 동양인 청년의 춤을 감상했다. 리는 새처럼 날렵하게 때론 강렬하게 몸을 움직였다. 춤이 끝나자 박수 소리가 요란하게 터져 나왔다.

한 중년 남자가 다가왔다.

"춤 솜씨가 대단하군요."

남자는 악수를 청하며 리의 신상에 대해 물었다. 리는 홍콩에 있을 때 차차차 댄스 선수권을 따 냈던 이력을 간단히 설명했다.

"그렇다면 잘되었군요. 마침 강사를 구하려던 참이었는데."

리의 말을 다 듣고 난 원장은 함께 일할 것을 청했다. 그날부터 리는 댄스 강사로 한동안 일했다. 넉넉한 돈은 아니었지만 얼마간의 돈을 모을 수 있었다. 또한 댄스 교습소에는 체력을 단련할 수 있는 각종 시설이 갖추어져 있었다. 운동을 좋아했던 리는 시간이 빌 때마다 몸을 단련하는 일에 매달렸다.

하지만 언제까지 시간을 허비할 수는 없는 노릇이었다. 돈이 어느 정도 모이자 리는 댄스 교습소를 미련 없이 그만두었다. 그리고 몇 달 뒤 시애틀로 자리를 옮겨 에디슨 직업 고등학교에 입학했다.

그렇다고 생계 문제가 썩 나아진 것은 아니었다. 낮에는 꼬박꼬박 학교에 나갔지만 밤에는 버스 안내원이나 음식점 종업원 노릇을 하며 용돈을 벌어야 했다. 그러면서도 쿵후를 꾸준히 연습했다. 리가 연습하고 있던 것은 정통 쿵후가 아니었다. 이미 웬만한 권법들을 두로 섭렵했던 리는 각 권법의 장점들을 모아 자신만의 독특한 기법으로 발전시켜 나가고 있었다. 리는 그 권법에다가 '절권도' 라는 이름을 붙였다. 절권도란 형식을 파괴한 동작을 뜻하는 동시에 또한 모든 동작을 품고 있는 무술이라는 뜻이었다. 음식을 나르거나 버스 요금을 받으면서도 리는 자신이 개발 중인 절권도의 동작을 연마했다.

식당에서 일을 할 때 리는 날렵한 종업원으로 유명했다. 손님 앞에서는 예의 바르게 주문을 받았다. 그러나 음식을 나르거나 청소를 할 때는 누구보다도 동작이 민첩했다.

어느 날 식당에 동네 불량배들이 들어왔다. 평소 리의 동작을 눈여겨보았던 그들은 리를 놀려 줄 생각으로 음식을 잔뜩 주문했다. 많은 양의 음식이었지만 리는 쟁반에 요리를 포개어 들고 가볍게 그들의 식탁으로 향했다. 리가 막 식탁에 다다르기 직전 불량배 하나가 갑자기 발을 뻗었다. 발을 걸어 넘어뜨려서 음식이 모두 쏟아지게 할 생각이었던 것이다. 발이 걸린 리는 기우뚱거리며 앞으로 몸을 굽혔다. 그러고는 한 손으로 재빨리 테이블을 짚어 충격을 완화했다. 그런 다음 몸을 반 바퀴 돌려 쟁반을 떠받치며 넘어졌다. 음식은 조금도 그릇 밖으로 넘치지 않았다. 아무 일도 없었다는 듯 리는 태연하게 불량배들의 식탁에 음식을 내려놓았다. 그들이 일부러 싸움을 걸어온 것을 알았기에 굳이 대적할 필요성을 느끼지 못했던 것이다. 리의 침착한 행동에 불량배들도 더는 싸움을 걸지 않고 얌전히 돌아갔다.

힘들게 독학을 했던 리는 3년 뒤 에디슨 직업 고등학교를 무사히 졸업했다. 그 무렵 리는 기무라라는 한 일본계 미국인을 만나 절친한 친구가 되었다. 기무라를 만난 것은 고등학교를 졸업하고 배달원으로 들어갔던 한 슈퍼마켓에서였다. 주인이었던 기무라의 나이는 서른여덟이었다. 그는 가족과 멀리 떨어져 있는 리에게 형과 같은 존재였다. 같은 동양인이라는 공통점 때문에 두 사람은 곧잘 마음을 열고 의기투합했다.

어느 날이었다. 일이 끝나 집으로 돌아가려는 리를 기무라가 불러 세웠다. 야경을 구경하자는 것이었다. 기무라와 리는 차를 타고 시내가 훤히 내려다보이는 언덕으로 올라갔다. 도시의 야경은 휘황찬란한 빛을 뿜으며 두 사람을 압도했다. 그 거대한 도시 안에서 두 사람의 존재는 너무도 미미한 것이었다. 리는 고향에 두고 온 가족들을 떠올렸다. 외로움이 물밀 듯이 밀려들었다. 홍콩에 그대로 남아 있었다면 더 많은 영화를 찍고 더 유명해졌을 것이라는 생각이 들었다.

나는 무엇 때문에 이토록 먼 곳에 와 고생을 하고 있는가.

생각에 잠겨 있을 때 기무라가 어깨를 툭툭 쳤다. 기무라는 리의 속마음을 손바닥 들여다보듯 읽고 있었다. 기무라는 리에게 뭘 망설이느냐고 물었다.

"무슨 말이야?"

리가 되물었다.

"네가 이곳에 온 데에는 그만한 이유가 있을 거야. 하지만 너는 그 이유가 무엇인지 정확히 알고 있지 못한 것 같아. 분명한 것은 꿈을 이루기 위해서는 더 많이 알고 더 많이 배워야 한다는 점이야."

기무라는 리에게 대학에 등록하여 학업을 계속할 것을 권유했다.

"왜 더 배워야 하지?"

리가 다시 물었다.

"이곳은 백인 사회야. 저들과 어깨를 나란히 하기 위해서는 저들보다 더 많이 배우고 익혀야 해. 배우지 않으면 살아남지 못하는 것이 우리들 소수 민족이야."

기무라는 그동안 감춰 왔던 자신의 집안 내력을 들려주었다. 태평양 전쟁이 나기 전까지 기무라는 부모와 함께 미국 서해안 지역의 조그마한 마을에서 살아왔다. 전쟁이 발발하자 미국 정부는 기무라의 가족에게 집을 비우고 떠날 것을 요구했다. 기무라의 가족이 사정했지만 정부는 들어주지 않았다. 전쟁 교전국이 일본이었기 때문에 당한 불공정한 처사였다. 그 뒤 기무라 가족은 가는 곳마다 일본인이라는 이유로 수모를 당했다. 기무라는 대학교에 들어가 공부를 시작했다. 그리고 꾸준히 공수도를 연습하여 유단자가 되었다.

"내가 왜 공부를 하고 무술을 연마했는지 아니?"

기무라가 물었다.

"내 자신을 이기기 위해서였어. 그 뒤부터 내 마음속은 무엇이든 할 수 있다는 자신감으로 충만했지."

리는 기무라의 충고를 받아들였다.

1962년 봄, 스물두 살이 되던 해에 리는 워싱턴 주립 대학에 입학했다. 단돈 100달러를 가지고 샌프란시스코에 상륙한 지 4년 만이었다. 전공 교과는 철학이었다. 철학을 택한 이유는 무도에 정신 수련이 중요하다는 걸 깨닫게 된 때문이었다.

대학에 들어가면서 리는 인생에 대하여 새롭게 눈을 떴다. 무엇보다 리를 기쁘게 했던 것은 대학 한쪽에 위치한 넓은 도서관이었다. 도서관의 무술 서적 코너에는 온갖 종류의 무술 책이 넓은 서가에 빽빽이 꽂혀 있었다. 평생을 읽어도 다 읽지 못할 만큼 방대한 분량이었다. 리는 행복한 비명을 질렀다. 어릴 때 그랬듯이 틈틈이 도서관에 들러 책 읽기에 빠져들었다.

기무라와 단합한 리는 시애틀 차이나타운에 있는 한 낡은 건물의 지하실을 빌렸다. 그런 다음 그동안 익힌 무예를 바탕으로 도장을 열었다. 기무라 역시 무술 유단자였다. 도장 개설 소식을 듣고 많은 친구들과 지인들이 몰려들었다. 그러나 사람들은 실망한 얼굴로 한마디씩 내뱉었다. 임대한 도장이 형편없이 낡고 지저분한 건물에 있었기 때문이었다. 그들을 향해 리는 웃으며 말했다.

"무예를 배우는 일에 꼭 좋은 장소가 필요한 것은 아닙니다. 어떤 환경이건 가장 중요한 것은 배우고자 하는 스스로의 의지이지요. 무예 기량은 도장이나 사범의 능력에서 나오지 않습니다. 수련자의 마음 자세에서 나올 뿐입니다."

도장을 개설했지만 수련생이 적어 운영에 애를 먹었다. 자그마한 체구의 낯선 동양인들이 운영하는 도장에 사람들은 별 관심을 나타내지 않았다. 허름한 도장 간판은 자세히 살펴야 겨우 눈에 띄었다. 그렇다고 대놓고 수련생을 모집하는 광고를 내지도 않았다. 그러나 우연한 계기로 상황이 반전되었다.

어느 날 리는 친구를 만나러 차이나타운에 있는 한 음식점으로 향했다. 사람이 뜸한 골목을 걷고 있는데 공원 쪽에서 한 남자의 비명 소리가 들려왔다. 의협심 강한 리가 그대로 지나칠 리 만무했다. 재빨리 그쪽으로 뛰어가 보니 한 중국인이 덩치 큰 여러 명의 미국인들에게 둘러싸여 두들겨 맞고 있었다. 번개처럼 달려든 리는 빠른 연속 발차기로 순식간에 덩치들을 넘어뜨렸다. 리의 동작이 너무나 빨랐기 때문에 덩치들은 자신들이 어떻게 쓰러졌는지조차 알지 못했다.

"약한 사람을 여럿이서 공격하는 행위는 비열한 짓이다. 당장 멈춰!"

리는 넘어진 덩치들을 더는 공격하지 않은 채 매서운 눈으로 노려보았다. 어떠한 경우라도 쓰러진 자를 공격하지 않는다는 것이 리의 무도 철학이었다. 뒤늦게 몸을 추스른 덩치들은 덤벼 볼 생각도 하지 않은 채 도망치기에 바빴다.

많은 사람들이 이 광경을 목격했고 소문은 순식간에 퍼져 나갔다. 그날 이후 리의 도장은 수련 지망생들로 넘쳐나기 시작했다.

체육관 운영이 잘되고 절권도가 선풍적인 인기를 끌던 어느 날이었다. 초로의 백인 신사가 리를 찾아왔다. 신사는 돈이 많은 사업가였다.

"도장을 체인화해 봅시다."

신사는 다짜고짜 자신이 찾아온 이유를 설명했다. 절권도 도장을 상표로 만들고 전국에 체인 도장을 개설하면 엄청난 돈을 벌어들일 수 있다는 것이었다. 신사는 자세한 사업 계획서를 들고 리를 설득했다.

"그렇게 할 수는 없습니다."

가만히 듣고 있던 리는 한마디로 그 제의를 거절했다. 당황한 신사의 얼굴이 붉어졌다. 신사는 조수를 시켜 차에 있는 가방을 가져오게 했다. 가방 안에는 십만 달러라는 엄청난 액수의 돈이 들어 있었다.

"괜한 고집 부리지 말고 잘 생각해 보시오. 원한다면 저 돈의 몇 배도 줄 수 있소."

신사는 여유를 부리며 담배를 빼 물었다. 돈이면 무엇이든 할 수 있다는 태도였다. 리는 지체없이 고개를 흔들었다.

"이유가 뭔가?"

화가 난 신사가 물었다.

"돈을 벌기 위해 내 무예를 팔고 싶지는 않아요."

"돈이 없으면 무예도 가르칠 수 없어."

신사가 책상을 치며 일어났다.

"나는 내가 직접 수련생을 가르칠 수 있는 곳에만 도장을 개설합니다. 이름만 내건 엉터리 도장은 원치 않아요."

더 상대할 마음이 없다는 듯 리는 벌떡 자리에서 일어났다. 그런 다음 밖으로 나가 버렸다. 그 뒤에도 그런 제의가 잇따랐지만 리는 모두 거절했다.

어느 날은 한 일본인이 리를 찾아왔다. 그는 미국 전역에 도장을 두고 있는 유명한 공수도 도장의 사범이었다. 공수도 사범은 리가 자신의 도장에 들어와 사범으로 일해 줄 것을 제의했다. 엄청난 액수의 봉급과 고급 주택을 제공하겠다고 했다. 리는 이 제안 역시 거절했다.

"돈 때문에 하루아침에 자신의 무도를 버릴 수는 없습니다. 무도에는 돈의 가치로 환산할 수 없는 고귀함이 있습니다."

신념이 넘치는 리의 말에 일본인은 한마디 대꾸도 하지 못하고 돌아갔다.

리는 여러 사람들 앞에서 주목을 받으며 얘기하는 것을 좋아했다. 대학 시절에도 틈만 나면 잔디밭에 학생들을 모아 놓고 무술을 강의하고 직접 시범을 보이곤 했다. 덕분에 그의 주변에는 항상 사람들이 모여들었고 인기도 좋았다. 하지만 이런 리를 시기하는 사람들도 많았다.

당시 리가 다니고 있던 대학에는 공수도에 정통한 일본인 유단자가 있었다. 그는 평소에도 공수도의 뛰어남을 강조하며 그 보급에 노력을 기울이고 있었다. 그러던 그의 노력은 리로 인해 적지 않은 방해를 받았다. 그가 공수도의 우수성을 홍보했지만 사람들은 리의 무술에만 관심을 보였다. 공수도 유단자는 틈만 나면 학생들 앞에서 리를 엉터리라고 몰아붙였다. 그리고 언젠가는 리를 보기 좋게 제압하여 공수도가 쿵후보다 한 수 위에 있음을 증명해 보이겠다고 공언했다.

그러나 리는 그를 상대하지 않았다. 리는 쓸데없는 싸움에 말려들고 싶지 않았다. 대부분의 진정한 무예가들이 그렇듯 싸우지 않고 이기는 방법을 먼저 택했던 것이다. 그러면 그럴수록 일본인 공수도 사범의 도전은 노골화되어 갔다. 그는 기회가 있을 때마다 겁쟁이라며 리를 비아냥거렸다. 리가 계속 피하기만 하자 마침내 공수도 유단자는 결투를 하자고까지 나서게 되었다.

그날도 리는 학생들을 모아 놓고 무술에 대한 자신의 생각을 이야기하고 있었다. 그때 학생들 틈에서 일본인 공수도 유단자가 뛰어나오며

외쳤다.

"네가 그렇게 잘났으면 나와 정식으로 겨뤄 우열을 가리자."

리가 대답했다.

"미국에 온 이후 난 마음을 고쳐먹었다."

"흥, 겁쟁이로구나."

공수도 유단자가 코웃음을 쳤다.

"난 불필요하게 싸우고 싶지 않아."

리의 대답에 공수도 유단자가 한 발 앞으로 나섰다.

"중국의 조잡한 무술 따위는 공수도의 상대가 될 수 없어."

중국 무술 전체를 싸잡아 욕하자 리도 더 참을 수 없게 되었다.

"정말 나와 싸우기를 원하나?"

"그렇다."

공수도 유단자가 즉각 대답했다.

리는 결투 신청을 받아들였다. 장소는 교내의 핸드볼 구장으로 정해졌다. 소문이 나면서 순식간에 사람들이 모여들었다. 구장은 핸드볼 경기가 진행 중일 때보다 더 시끄러웠다. 사람들은 촉각을 잔뜩 곤두세우고 두 동양인 유단자 중에 누가 더 강한 무술을 구사하는지 지켜보았다. 그러나 싸움은 예상외로 가볍게 끝이 났다.

두 사람은 용과 호랑이처럼 마주 섰다. 먼저 공격한 것은 공수도 유단자였다. 호각이 울리자 공수도 유단자가 리의 얼굴을 겨냥해 연속

앞차기를 시도했다. 빠른 공격으로 상대의 기선을 제압하는 공수도의 중요한 기술이었다. 리는 재빨리 몸을 뒤로 꺾어 발을 피했다. 그런 다음 상대가 미처 중심을 잡기도 전에 주먹과 발을 연속해서 내질렀다. 방어에서 순식간에 지르기로 전환해 적을 단숨에 누르는 영춘권의 첫 동작이었다.

공수도 유단자는 가슴을 공격당한 뒤 맥없이 뒤로 나자빠졌다. 숨

쉴 틈 없이 파도처럼 몰아치는 영춘권의 이러한 공격 방법을 '연속공격'이라고 부른다. 빼어난 기술에 타고난 체력이 없다면 펼칠 수 없는 동작이었다. 리는 스승 엽문에게서 배운 영춘권의 재빠른 손동작에 자신만의 발동작을 가미하여 일본인 공수도 유단자를 일시에 쓰러뜨린 것이다.

일본인 공수도 유단자는 이때의 충격으로 한동안 학교에 나타나지

않았다. 보름 뒤 그가 모습을 나타냈을 때 궁금해진 친구들이 몰려들었다.

"왜 이제야 나타난 거지?"

자존심이 상한 공수도 유단자가 멋쩍게 변명했다.

"집에 돌아가다가 가벼운 교통사고를 당했을 뿐이야."

도전은 거기서 그치지 않았다. 솔직하고 직설적인 성격 때문에 리의 주변에는 늘 그를 시기하는 사람들이 많았다. 그중에는 중국 전통 무술의 고수들도 끼어 있었다. 중국인들은 예부터 전통 무술의 중요한 동작을 서양인들에게 공개하는 것을 금지해 왔다. 그러나 리는 그런 것에 개의치 않았다.

비난을 받을 때마다 리는 그들에게 말했다.

"무술은 매우 심오한 의미가 있는 인생 그 자체입니다. 인간은 무술로부터 삶의 진리를 배울 수 있습니다. 무술은 모두가 유익하자고 존재하는 것이지 특정인이나 특정한 나라를 위해 존재하지 않습니다. 무술에는 국경이 없습니다."

이에 중국의 무술 유단자들은 크게 반발했다. 어느 날 쿵후의 달인 황득문 사범이 리를 찾아왔다. 황득문은 미국에 나와 있는 쿵후 사범 가운데 최고의 고수였다. 그는 리에게 쿵후의 진수를 서양인들에게 공개하지 말 것을 촉구했다. 그러나 리는 듣지 않았다. 황득문은 리에게 정식 대련을 신청했다.

"나와 겨루어 이긴 사람의 뜻에 따르자."

리도 수락했다.

"좋소. 내가 대련에 진다면 도장 문을 닫고 무술 전수를 그만두겠소."

자칫하면 모든 게 허사가 되는 순간이었다. 대련은 오랫동안 계속되었다. 황득문은 리가 그동안 싸웠던 상대 가운데 가장 버거웠다. 그는 리의 재빠른 공격을 끈질기게 막아 냈다. 그러나 그도 리의 상대가 되지는 못했다.

"졌소."

10분 뒤 황득문은 피를 흘리며 마룻바닥에 주저앉았다. 황득문이 패했다는 소문은 인근에 있는 중국인 쿵후 사범들에게 전해졌다. 그 뒤로 누구도 리의 도장 일을 방해하지 않게 되었다.

한번은 이런 일도 있었다.

비행기를 타기 위해 공항으로 향하던 길이었다. 그때 복면을 한 네 명의 괴한들이 리를 덮쳤다. 그들은 손에 칼을 들고 있었다. 괴한 중의 하나가 갑자기 칼로 리의 복부를 찔렀다. 리는 복부를 감싸며 쓰러졌다. 상처에서 계속 피가 흘렀다. 고통을 무릅쓰고 리는 몸을 일으켰다. 대항하지 않으면 생명을 잃을 수도 있는 순간이었다. 네 명이 떼로 덤볐지만 그들은 도저히 리를 당해 내지 못했다. 리는 들고 있던 가방으로 길을 막으며 발차기로 괴한의 얼굴을 타격했다. 뒤에 섰던 괴한이

목을 졸라 왔지만 리는 끄떡도 하지 않았다. 단련된 리의 목은 강철처럼 단단했다.

멀리서 경찰이 호각을 불며 달려왔다.

자신들이 불리해지자 괴한들은 재빨리 도망쳤다. 괴한들이 도망치는 것을 확인한 후 리는 쓰러졌다. 곧 구급차가 달려왔고 리는 병원으로 옮겨졌다. 그러나 다행히 상처는 깊지 않았다. 리는 입원한 지 열흘 만에 건강한 모습으로 퇴원할 수 있었다. 괴한들은 일본인 무술 도장에서 보낸 자객들이었다. 많은 사범들이 리에게 도전했지만 그 누구도 리를 꺾지 못했다. 이에 앙심을 품은 일본인들이 보복을 할 생각으로 기습을 시도했던 것이다.

4. 용을 사랑한 여자

홍콩을 떠나온 지도 6년이 흘렀다.

사춘기 소년이었던 리는 다부지고 건강한 청년으로 성장해 나갔다. 낯선 미국 땅에서 고학으로 고등학교를 졸업했고 어느덧 대학교 3학년이 되어 있었다. 홍콩에 있을 때 만인의 우러름을 받는 배우였지만 미국 땅에서 그를 알아주는 사람은 없었다. 모든 것을 처음부터 다시 시작해야 했다.

힘든 생활이었지만 리의 머릿속에는 한 가지 꿈이 있었다. 홍콩이라는 작은 무대를 벗어나 할리우드에서 세계적인 액션 배우가 되는 것이었다. 그 꿈을 실현하기 위해 리는 조금도 노력을 게을리 하지 않았다.

리는 카메라 속임수에 의해 꾸며지는 액션을 원하지 않았다. 모든 액션을 직접 자신의 몸으로 실전처럼 보여 주고 싶었다. 때문에 리는 시간이 날 때마다 무술 수련에 매달렸다. 홍콩에 있을 때나 미국에 있을 때나 변하지 않은 것은 무술에 대한 집념이었다.

1964년 봄, 한 장의 초대장이 리에게 날아들었다.

당신을 롱비치 무술 대회에 초청합니다.

선수가 아닌 시범인 자격으로의 초청이었다.

그것은 리에 대한 예우이기도 했다. 리를 초청한 사람은 대회를 주관하고 있던 공수도 사범 파커였다. 파커는 키가 2미터에 육박하는 거구의 사나이였는데 경찰관들과 할리우드의 유명 배우들에게 무술 지도를 하는 이름이 알려진 사범이었다. 파커는 대회 중간에 시범을 보일 마땅한 무술인을 찾고 있었다.

그는 한국인 친구 이준구 사범에게 자문을 구했고 이준구 사범은 리를 적극 추천했다. 이준구 사범은 미국에 이민 와 한국의 전통 무술 태권도 보급에 앞장서고 있는 무술인이었다. 리와 함께 무술 대회에 참가한 경험이 있는 이준구 사범은 예전부터 리의 실력을 눈여겨보아 온 터였다.

리는 그 제의를 흔쾌히 수락했다.

시합 날이 되자 각지에서 다양한 문파의 무술인들이 롱비치로 모여들었다. 그들은 서로 치고받으며 무예를 겨루었다. 오후가 되자 모든 예선이 끝났다. 결승전을 남겨 두게 되었을 때 장내 아나운서가 큰 소리로 리를 소개했다.

"곧 브루스 리의 시범이 있겠습니다."

장내는 순식간에 조용해졌다. 사람들 사이를 비집고 검정색 무도복을 걸친 작은 체구의 동양인 사내가 나타났다. 가볍게 목례를 한 뒤 리는 천천히 무대 위로 올라갔다. 수천 명의 사람들이 숨을 죽이고 리를 응시했다. 리는 자신이 펼쳐 보일 동작에 대해 간단히 설명했다. 그런 다음 가볍게 몸을 움직였다. 리는 부드러움과 순간적인 힘을 교대로 섞어 가며 춤을 추듯 무대를 장악했다. 근육질의 참가자들이 힘으로 격투하는 모습과는 전혀 다른 동작이었다. 세계 각지에서 모인 무술인들 앞에서 리는 물을 만난 물고기처럼 힘차게 움직였다. 이곳저곳에서 탄성이 터져 나왔다. 리가 펼쳐 보이고 있는 무술들은 매우 낯선 것이었다. 리는 새처럼 가볍게 몸을 회전하여 공중에 매단 판자를 격파했고 단 위에 세워진 유리병과 돌멩이 들을 어떠한 트릭도 쓰지 않고 손으로 부수었다. 거기서 그치지 않았다. 리는 칼과 창, 봉을 능숙하게 다루었다. 그중에서도 가장 신기한 기술은 1인치 펀치였다.

리는 앞에서 관전하던 열 명의 사범들을 무대 위로 올라오게 했다. 모두 무술로 단련된 유단자들이있다. 리는 영문을 몰라 하는 그들을 일렬로 세운 다음 맨 앞에 선 사람의 가슴을 단단한 보호 장구로 감쌌다. 그런 다음 불과 1인치 거리에서 맨 앞에 선 사범의 가슴을 순간적으로 쳤다. 1인치는 3센티미터가 채 되지 않는 가까운 거리이다. 다음 순간 놀라운 일이 벌어졌다. 펀치를 맞은 사범의 몸이 충격으로 밀리면서 뒤에 섰던 9명의 사범들까지 일시에 낙엽처럼 나가떨어졌던 것이다. 모두들 눈이 휘둥그레졌다.

"저 사람이 누구지?"

"대단한 힘이야."

"저 작은 체구에서 어떻게 저런 힘이 나올 수 있을까?"

모여 있던 사람들이 저마다 한마디씩 수군거렸다. 리가 보여 준 1인치 펀치는 태극권의 한 동작을 응용하여 자신이 개발한 것이었다. 물체와 손이 거의 맞닿은 상태에서 이루어지는 이 펀치는 순간적으로 주먹에 체중을 싣는 고도의 기술이었다. 힘과 정신이 하나로 통일되지 않으면 결코 펼칠 수 없는 동작이었다.

시범이 끝났을 때 관중들은 우레와 같은 박수로 화답했다. 한쪽에 서 있던 파커가 달려와 허리를 굽혀 정중하게 예를 표했다. 누구에게도 허리를 숙인 적이 없는 도도한 성격의 파커가 리에게 무도인의 예를 표했던 것이다.

"방금 보인 것은 어떤 기술입니까?"

파커가 물었다.

"절권도의 한 동작입니다."

"처음 들어 보는 것인데 동작이 매우 부드럽군요. 절권도가 무엇입니까?"

"부드러움은 단단함을 능히 이기며 연약함도 때에 따라 강함을 이길 수 있지요. 유연한 것은 고정된 것보다 항상 자유롭습니다. 절권도의 원리는 부드럽게 움직여 사물의 흐름에 몸을 맡기고 순응하는 것입니다. 모든 무술에 존재하지만 또한 없는 것이기도 하지요."

"자세히 말씀해 주시죠."

"마음과 몸을 항시 물처럼 흐르는 상태로 유지하는 것입니다. 정지

하는 것은 곧 중단을 의미하지요. 고인 물이 썩듯이 멈추는 것은 곧 죽음을 뜻합니다. 모든 동작과 적에 대한 생각을 떨쳐 내야 합니다. 어느 순간이 되면 적도 없고 나도 없는 상태가 됩니다. 다만 의식의 흐름에 몸을 맡기고 춤추듯이 흔들려야 합니다. 번개가 치면 천둥이 울리듯이 바람이 불면 나무가 휘듯이 공격이 있으면 반격이 따르듯이 그저 반응하는 것입니다. 이것을 동양의 말로는 무심(생각을 비우는 상태)이라고 합니다. 무심의 순간이 올 때 순간적으로 주먹에 힘을 얹습니다."

절권도는 리가 세계 각국 무술의 장점만을 추려 자신만의 스타일로 새롭게 개발한 권법이었다. 리는 권법의 격식을 지나치게 싫어했다. 형식에 얽매여 무술이 발전하지 못하고 있는 것을 늘 안타깝게 여기다가 스스로 권법을 창안하기에 이른 것이다. 절권도는 잡다한 형식을 파괴한 권법이었다. 절권도는 가장 작은 동작으로 가장 큰 효과를 낼수 있는 방법을 집중적으로 강조했다.

"당신의 무술을 카메라에 담아도 되겠습니까?"

"물론입니다."

파커는 사람을 시켜 리의 무술 시범 동작을 카메라에 정밀하게 담게 했다. 카메라 앞에서 리는 나는 새처럼 가볍게 움직였다. 시합장에는 무술에 관심이 많은 유명 인사들이 참관하고 있었는데 그중에는 할리우드에서 이발사로 일하는 레이 세브링도 끼어 있었다.

집으로 돌아온 리는 시애틀에 있는 도장을 기무라에게 넘겨주고 사는 곳을 오클랜드로 옮겼다. 그곳에서 새로 사귄 친구 제임스 리와 함께 도장을 열었다. 도장의 이름은 동업자였던 제임스 리의 이름을 따 '제임스 리 도장'이라 명명했다.

의아하게 생각한 제임스 리가 물었다.

"나보다 당신이 더 이름이 높으니 도장을 당신 이름으로 합시다."

그러나 리는 듣지 않았다.

"도장 이름은 중요하지 않습니다. 무엇을 어떻게 가르치느냐가 중요한 게 아닐까요?"

그러나 도장의 경영 상태는 좋지 않았다.

수련생이 부족했던 게 아니라 수련생을 고르는 리의 남다른 방법 때문이었다. 수련생이 찾아오면 리는 까다롭게 입단 테스트를 거쳤다. 불합격자는 곧장 집으로 돌려보냈다. 더구나 자신이 직접 가르칠 수 있는 만큼의 학생들만 받았다. 무술에 있어 리는 언제나 완전한 방법을 고집했다. 이러한 리의 고집은 반대로 많은 사람의 시기를 불렀다.

또한 리는 도장에서 급의 상승을 뜻하는 색깔 있는 띠를 모두 없앴다. 한 지역 신문의 기자가 찾아와 그 이유를 묻자 리는 대답했다.

"띠란 하나의 상징일 뿐이며 나에게는 아무 의미가 없습니다. 많은 사람들이 확인증에 불과한 띠를 두르기 위해 노력하는 것을 보면 이해할 수 없습니다. 무예란 눈에 보이는 상징이 필요한 게 아니라 얼마만큼 그 사람의 몸과 마음을 향상시키느냐에 그 의미가 있기 때문입니다."

리는 수련생들을 지도할 때마다 동작 하나하나를 자세하게 설명했다. 수련생이 완전히 동작을 이해할 때까지 반복해서 가르쳤다. 그러면서 왜 그런 동작을 취해야 하는지를 이해시켰다. 어느 날은 한 젊은 문하생이 리를 붙잡고 하소연했다.

"이제 더는 수련을 계속할 수가 없습니다."

수련생이 고개를 떨어뜨리며 말했다.

"무슨 이유인지 말해 보세요."

리가 차분하게 물었다. 문하생은 몇 년간 사귀던 애인과 최근에 헤어졌다고 울먹였다.

"자꾸 그녀의 얼굴이 눈앞에 아른거려서 아무것도 할 자신이 없습니다."

잠시 생각에 잠겼던 리가 대답했다.

"마음속에서 부정적인 생각들을 제거하세요. 생각을 없애고 흐름에 몸을 맡기는 겁니다."

문하생이 정색을 하고 되물었다.

"생각이 수시로 떠오르는데 무슨 수로 제거합니까?"

"마음속에 활활 타오르는 불이 숨어 있다고 연상하세요. 시시각각 떠오르는 모든 부정적인 생각과 집착들을 태워 버릴 수 있는 불길이 말입니다. 부정적인 생각이 침투해도 뜨거운 불길에 금방 타 버릴 겁니다."

슬픔에 잠겨 있던 문하생은 고개를 끄덕이며 일어섰다. 그 뒤 문하생은 더욱 수련에 열중하여 사범의 지위에까지 이르렀다.

짬이 날 때마다 리는 몇몇 제자들과 함께 인근의 대학을 돌며 무술 시범을 펼쳤다. 무예를 대중적으로 보급하기 위해서였다. 시범은 늘 인기가 있었다. 사람들은 생소한 동양 무술을 보기 위해 구름처럼 몰려들었다. 시범 때마다 리는 독특한 기술을 펼쳐 박수갈채를 받았다. 리의 시범을 본 사람들은 대부분 그의 제자가 되고 싶어 했다. 리는 술도 마시지 않았고 담배도 멀리했다. 대학 시절 그의 관심사는 오로지 무술뿐이었다. 무술에 전념함으로써 객지 생활의 외로움을 달랠 수 있었던 것이다.

그런 리에게 어느 날 뜻하지 않은 사랑이 찾아왔다.

1964년 가을, 리는 재학 중이던 워싱턴 대학 체육관에서 무술 시범 대회를 열었다. 재학생들은 물론 소문을 듣고 인근 각지에서 사람들이 몰려들었다. 시범이 시작되기도 전에 체육관은 발 디딜 틈조차 없이 가득 찼다. 여러 차례 지역 신문에 소개가 되면서 리는 이미 널리 알려진 인물이 되어 있었다.

관객들 중에는 린다 에머리라는 이름을 가진 아름다운 소녀가 한 명 끼어 있었다. 그녀는 신문을 통해 리의 기사를 접하고 무술에 관심을 갖게 된 터였다. 리가 학교 체육관에서 시범을 펼친다는 얘기를 듣고 그녀는 일찌감치 체육관으로 향했다.

시범이 끝나자 많은 학생들이 그룹을 이루어 리에게 지도를 받고 싶다는 의사를 청해 왔다. 그 그룹 속에는 린다도 끼어 있었다. 리는 자신을 따르는 그룹을 외면하지 않았다. 틈틈이 학교 잔디밭이나 공터에 모여 그들에게 무술을 가르쳤다. 또한 리는 무술이 끝나면 그들과 함께 토론하길 좋아했다. 같은 학교 학생들로 이루어진 그들은 서로 금방 친해졌다. 무술 연습이 끝나면 함께 식사를 했고 영화관으로 몰려가 무술 영화를 관람하기도 했다.

그중에서 린다는 단연 돋보였다. 린다는 작은 얼굴에 매혹적인 갈색 머리를 가진 백인 여자였다. 대학에서 의학을 전공하고 있던 그녀는 침착한 성격에 감수성이 예민한 여자였다. 수업 성적도 상위권에 속해 있었으며 모든 면에서 지적이고 똑똑했다.

영화가 끝나고 린다와 리는 종종 둘만 남게 되었다. 늦은 시각이었으므로 그때마다 리는 그녀를 바래다주었다. 그들은 이런저런 얘기를 하며 린다의 집까지 걸었다. 그런 일은 반복되었다. 어릴 적 의사가 되는 것이 꿈이었던 리는 의학 전공자인 린다에게 각별한 관심을 보였다. 함께 시간을 보내는 날이 늘어 가면서 리와 린다는 더욱 가까워졌다. 짧게 끝날 것 같은 인연은 계속 이어졌고 리는 점점 그녀에게 빠져들었다. 사람들이 리의 무술에 대해서만 관심을 기울일 때 린다는 리의 어린 시절과 홍콩에 있는 리의 가족에 대해 물었다.

특히 그녀는 리가 소년 시절 얘기를 들려주는 것을 좋아했다.

"길에서 우연히 내 친구를 폭행한 불량배를 만났지 뭐야."

리는 신이 나서 홍콩에서 겪은 무용담을 늘어놓았다.

"그래서요?"

갈색 눈을 반짝이며 린다가 물었다.

"잠깐 손을 본 후에 다시는 친구를 괴롭히지 않겠다는 약속을 받았어."

린다는 호기심 어린 눈으로 리를 쳐다보았다.

"그런데 이상한 느낌이 들더라구. 뒤를 돌아보니 녀석의 무리들이 열 명도 넘게 나를 쫓아오고 있는 거야. 손에 손에 몽둥이를 든 채."

"죄다 물리쳤겠군요?"

"아니, 도망쳤어."

린다가 까르르 웃음을 터뜨렸다.

때때로 리는 아버지를 따라 공연을 다니던 네다섯 살 무렵의 일들을 기억해 내기도 했다.

"나비 떼를 뒤쫓던 기억이 나."

"나비 떼요?"

린다가 눈을 동그랗게 뜨고 물었다.

"어느 시골 마을에 천막을 치고 공연을 하게 되었어. 어른들이 무대에 정신이 팔려 있는 사이 나는 천막 뒤 공터에서 놀고 있었지. 그런데 갑자기 수백 마리의 나비 떼가 나타난 거야. 나비들은 무대 주변에 세워진 휘장과 깃발 사이를 빙빙 돌다가 어디론가 사라졌어."

"……."

"날개가 온통 새하얀 나비 떼였어. 너무도 눈이 부셨지……."

"그래서요?"

"나비 떼를 쫓아 정신없이 뛰기 시작했어. 개울을 지나고 밭을 건너서 날이 저무는 줄도 모르고……. 깜짝 놀라 정신을 차리고 보니 깊은 계곡에 혼자 서 있는 거야. 다행히도 뒤늦게 사람들에게 발견되었지만."

"큰일 날 뻔했군요?"

린다와 리는 시간 가는 줄 모르고 즐겁게 얘기했다.

외톨이였던 린다의 생활도 리를 만나면서 조금씩 밝아졌다. 리를 만나기 전까지 린다는 불행한 기억을 가지고 있었다. 린다의 어머니는 린다가 네 살 되던 해에 남편을 잃고 홀로 린다를 키웠다. 아버지의 사랑을 받지 못하고 자란 린다는 리에게서 깊은 부성애를 느꼈다. 때문에 리의 다소 권위주의적인 태도도 기쁜 마음으로 받아들였다. 린다는 아름다움을 외모보다 내면에서 발휘할 줄 아는 여자였다.

그해 겨울, 리는 린다를 집으로 초대했다. 린다가 도착하니 리는 깨끗한 무술 도복을 입은 채 방에 앉아 그녀를 기다리고 있었다. 린다가

들어서자 리는 두 무릎을 꿇고 예를 갖추어 정식으로 청혼했다.

"린다, 나의 아내가 되어 주겠소?"

눈물을 글썽이며 린다는 리의 손을 마주 잡았다.

"저도 영원히 당신을 사랑하겠어요."

외로움과 싸우던 리에게 린다는 구원의 여인이었다.

그러나 뜻하지 않은 문제가 발생했다. 얘기를 들은 린다의 어머니가 리와의 결혼을 강력히 반대했던 것이다. 둘

다 아직 경제력이 없는 학생이고 리가 동양인이었기 때문이었다. 어머니의 반대는 계속되었으나 리와 린다는 뜻을 굽히지 않았다. 두 달 뒤 린다의 어머니는 마지못해 그들의 결혼을 허락했다. 1965년 1월 마침내 두 사람은 작은 교회에서 결혼식을 올렸다. 몇 사람의 친구만 초대한 뒤 간소하게 치러진 예식이었다.

결혼 생활은 순탄하지 않았다. 그들의 생활은 겨우 학비와 집세를 마련할 정도로 가난했다. 신혼여행 같은 것은 꿈도 꾸지 못했다. 늘 돈에 쪼들렸고 끼니 걱정을 해야 했다. 하지만 리는 어떤 경우에도 홍콩에 있는 가족에게 경제적인 기대를 하지 않았다. 도움을 주겠다는 연락이 오면 오히려 단호하게 거절했다. 그런 점은 린다도 마찬가지였다. 린다는 어머니의 도움 없이 학비를 직접 벌어 대학에 다녔다.

어느 날 저녁, 도서관에서 돌아오던 린다는 발을 헛디뎌 계단에서 넘어졌다. 전기를 절약하느라고 현관 불을 꺼 놓았기 때문이었다. 넘어질 때의 충격으로 안경이 벗겨졌다. 계단에 부딪힌 안경은 손잡이가 휘고 알에 금이 갔다. 안경이 없으면 외출을 하지 못할 정도로 린다는 눈이 나빴다.

리가 집으로 돌아오니 린다가 상심한 표정으로 앉아 있었다. 리가 왜 그러느냐고 묻자 린다는 한숨을 내쉬었다. 새로 안경을 맞출 돈이 집안에는 한 푼도 남아 있지 않았던 것이다. 얘기를 들은 리는 곧장 밖으로 뛰어나갔다. 리가 도착한 곳은 친구인 기무라의 집이었다. 리는 기무라에게 사정을 얘기하고 돈을 빌릴 수 있었다.

"힘들어도 조금만 참아 줄 수 있겠소?"

집으로 돌아온 리가 아내의 손을 잡으며 말했다.

"그럼요."

린다도 리의 손을 마주 잡았다. 어려운 일이 닥칠 때마다 린다와 리는 이렇듯 서로를 이해하며 위기를 극복했다. 결혼 첫해에 아들 국호가 태어났고 2년 뒤에는 딸 향응이 태어났다.

아들 국호가 태어나고 얼마 되지 않아 가족들이 살고 있는 홍콩에서 한 통의 전보가 날아들었다. 아버지가 돌아가셨다는 비보였다. 어찌 된 영문인지 전보는 10여 일이나 늦게 도착했다. 이미 아버지의 장례식이 끝난 뒤였다. 급히 홍콩으로 떠나려 했지만 여비가 없었다. 리는 몇 달 뒤에 가까스로 돈을 마련하여 홍콩으로 향하는 배에 올랐다. 리는 아들 국호를 안고 부인과 함께 홍콩에 도착했다. 장례는 끝난 뒤였다. 형제들은 뒤늦게 도착한 그들을 따뜻하게 맞아 주었다.

"어차피 시간 맞춰 오기 힘든 곳이라 일부러 늦게 연락했다."

어머니는 눈물을 흘리며 리를 껴안았다. 헤어졌던 가족들과 인사를 나눈 뒤 리는 아버지의 묘소로 향했다. 아버지의 묘소 앞에 엎드려 리는 그간의 불효를 빌었다. 그러면서 리는 반드시 세계적인 배우가 되어 다시 돌아오겠노라고 맹세했다.

홍콩에서 미국으로 돌아온 몇 달 뒤였다.

어느 날 한 사람이 리를 찾아왔다. 그는 할리우드의 유명한 이발사 세브링이 보낸 사람이었다. 세브링은 롱비치 무술 대회에서 리를 눈여겨보았던 사람 가운데 하나였다. 무술 시합이 있고 얼마 후 세브링은 윌리엄 도저의 머리를 이발하게 되었다. 도저는 텔레비전 방송국의 이름난 책임 프로듀서였다. 이발 도중 도저는 새로 만들고 있는 텔레비전 시리즈 물에 마땅한 배역이 없어 고민 중이라고 말했다. 도저는 〈배트맨〉이라는 프로를 기획하여 성공을 거둔 인물이었다. 그는 후속 작품으로 〈그린 호네트〉라는 탐정 드라마를 구상하고 있었다. 그가 찾는 인물은 탐정을 그림자처럼 따르며 보호하고 탐정이 위기에 처할 때마다 번개처럼 나타나 악당을 물리치는 조연 연기자였다.

"어떤 인물을 원하십니까?"

세브링이 물었다.

"글쎄. 무예가 뛰어나고 연기력도 어느 정도 있어야 할 것 같은데……."

"그래요? 그렇다면 딱 어울리는 적임자가 있습니다."

얘기를 들은 세브링은 무술 시범 대회에서 보았던 리를 추천했다. 홍콩에서 리가 몇 편의 영화에 조연으로 출연한 사실도 세브링은 알고 있었다.

이발을 마친 도저는 롱비치로 무술 대회를 개최했던 파커를 찾아갔다. 파커는 리의 무술 시범 동작을 찍은 테이프를 도저에게 보여 주었다. 테이프를 본 도저는 크게 만족했다. 그는 즉시 세브링에게 리를 소개시켜 줄 것을 부탁했다. 마침내 리에게 미국에서의 데뷔 기회가 찾아온 것이다.

기회가 오자 리는 그것을 놓치지 않았다.

도장을 그만둔 리는 아내와 함께 로스앤젤레스로 이사했다. 3학년까지 다녔던 대학도 미련 없이 그만두었다. 좀 더 큰 무대에서 본격적으로 자신의 꿈을 이루기 위해서였다. 로스앤젤레스로 이사한 뒤 리는 배우 학교에 들어가 연기 수업을 받았다. 배우 학교는 유명한 영화사인 20세기폭스 사에서 운영하고 있었다. 아역 시절부터 연기로 단련된 몸이었지만 리는 자존심을 세우지 않았다. 미국과 홍콩은 엄연히 무대가 다르다고 생각했다. 미국에서의 연기 생활을 기초부터 시작할 마음이었다. 리는 배우 학교와 인연이 되어 몇몇 텔레비전 시리즈 물의 무술 지도를 맡았다.

리의 무술 실력이 알려지면서 많은 할리우드의 배우들이 리의 제자가 되기 위해 모여들었다. 그들은 대부분 당대의 유명 인사들이었다. 그러나 리는 명성으로 제자를 받지 않았다. 그들 중에는 오스카 상을 수상하기도 했던 할리우드의 유명한 제작자 스털링 실리판트도 끼어 있었다. 실리판트와 친해지면 할리우드에서 영화배우로 성공하겠다는 리의 꿈은 빨리 실현될 수 있었다. 그러나 리는 실리판트가 찾아와 제자 되기를 청했을 때 그 자리에서 거절했다.

"거절하는 이유가 뭐요?"

마음이 상한 실리판트가 물었다.

"당신은 나이가 많고 몸이 굳어서 내 무술을 완벽하게 소화할 수 없습니다. 무술을 제대로 가르치지 못할 바에는 가르치지 않는 게 좋겠다는 생각입니다."

당시 실리판트의 나이는 49세였다. 며칠 뒤 실리판트는 다시 리를 찾아왔다.

"나는 지금까지 꾸준히 운동을 해서 몸이 가볍소. 당신의 무술을 전수받게 해 주시오."

그러면서 실리판트는 즉석에서 자신이 알고 있는 몇 가지 무술을 펼쳐 보였다.

이번에도 리는 고개를 흔들었다.

"나는 완벽하지 않은 가르침은 시작하지 않습니다."

"한때 영화배우였다는 얘길 들었소. 나와 친해지면 할리우드에서 당신의 입지도 높아질 텐데."

실리판트는 다른 방법으로 리를 설득했다.

"나는 그런 것에 연연하지 않습니다. 행운이나 요행을 통해 배우가 되고 싶지는 않아요."

이번에도 리는 거절했다. 하지만 실리판트도 집요했다. 리는 6개월 뒤 실리판트를 제자로 받아들였다. 리는 무술을 가르치는 일에 있어서는 상대가 누구인가를 가리지 않았다. 리는 무술을 배우려는 의지와 무술을 소화할 수 있는 강인한 신체를 가진 제자들을 원했다. 리는 그들에게 시간당 300달러라는 큰돈을 받고 개인 무술 지도를 했다.

그리고 몇 달이 지났다. 이번에는 유명한 시나리오 작가이자 저술가인 조 하이암스가 찾아와 문하생 되기를 청했다. 하이암스는 콧대가 높고 자존심이 강한 사람이었다. 리가 물었다.

"왜 하필이면 내게 무술을 배우려 합니까?"

하이암스가 대꾸했다.

"당신의 실력이 최고라고 들었기 때문이오."

"다른 무도를 수련한 적이 있습니까?"

하이암스는 그동안 여러 가지 무술을 배웠노라고 자랑스럽게 대답했다. 실제로 하이암스는 공수도와 권투를 오래도록 수련한 무도인이었다. 리가 다소 차가운 목소리로 말했다.

"내 제자가 되기 위해서는 당신이 지금까지 알고 있는 모든 것을 버려야 합니다."

하이암스가 고개를 저었다.

"꼭 그럴 필요가 있겠소? 내가 배운 무술에다가 당신이 가르쳐 주는 무술을 합하면 더 멋진 무술이 될 텐데……."

"당신의 머릿속은 지금 무술에 관한 온갖 잡다한 지식들로 가득 차 있습니다. 찻잔으로 치자면 찻물이 넘쳐서 더는 다른 물을 채울 수 없는 상태이지요. 잔을 비우지 않으면 절권도를 소화할 수 없습니다."

"그동안 배운 모든 걸 지워야 합니까?"

"그렇소. 처음부터 다시 시작하는 겁니다."

하이암스는 고개를 끄덕였고 이후 리의 가장 열성적인 제자가 되었다.

제자들에게 무술을 가르치며 연기 수업을 받던 리는 도저가 제작한 〈그린 호네트〉라는 텔레비전 시리즈 물에 조연으로 출연할 기회를 잡았다. 시민권자가 되기 위해 미국에 건너온 이후 첫 텔레비전 출연이었다. 비록 조연이었지만 리는 혼신의 힘을 다해 연기에 몰두했다.

〈그린 호네트〉는 1966년부터 1967년까지 폭스 티브이에서 13회에 걸쳐 방영되었다. 악당과 그를 쫓는 탐정의 싸움을 그린 어린이용 프로그램이었다. 이 시리즈에서 리가 맡은 역할은 검은 모자에 검은 마스크를 착용한 신비의 인물 '가또'였다. 평소에 리는 탐정 호네트의 운전수 겸 조수로 등장한다. 그러다가 호네트가 위기에 처하면 어디선가 바람처럼 나타나 무술로 악당들을 제압하는 것이다.

〈그린 호네트〉가 방영되면서 리의 이름은 점차 미국 전역에 알려졌다. 아이들은 가또를 실제 인물로 착각했다. 리는 곧 이런저런 쇼 프로그램에 초대되었고 잡지의 인터뷰 요청도 늘어 갔다. 그러나 리는 가또 역할을 마음에 들어 하지 않았다. 화면이 작아 자신의 무술 실력을 마음껏 뽐낼 수 없었기 때문이었다. 더구나 가또는 늘 마스크를 쓰고 있어서 화면에 얼굴이 제대로 나오지 않았다. 리는 입버릇처럼 대형 화면에서 마음껏 치고받으며 싸우는 연기를 하고 싶다고 말했다.

인기가 치솟던 어느 날 드디어 리에게 고대하던 영화 출연 제의가 들어왔다. 실망스럽게도 단역이었다. 하지만 리는 마다하지 않았다. 〈그린 호네트〉가 방영된 지 2년 뒤인 1969년의 일이었다.

리가 단역으로 출연한 영화는 당대의 명배우 제임스 가너가 주연을 맡은 〈귀여운 여자〉라는 암흑가 영화였다. 리는 보스의 부하 악당 역으로 출연했다. 리가 화면에 모습을 드러낸 시간은 채 1분도 되지 않았다. 영화에서 리는 빌딩 옥상 위에서 격투를 벌이다가 아래로 떨어져 죽는 인상적인 연기를 펼쳤다.

그러던 중 리에게 주연에 버금가는 출연 기회가 찾아왔다. 리는 자신의 제자인 실리판트, 제임스 코번과 함께 제대로 된 무술 영화를 만들기로 합의를 보았다. 리의 무술 제자이기는 했지만 제임스 코번은 당대 최고의 인기 배우였다. 그러나 이 합의는 뜻하지 않은 난관에 부딪혔다. 작품의 촬영 무대가 중국이었는데 공산당이 집권하고 있던 중국에서의 촬영이 불가능했기 때문이었다. 더구나 영화 제작사의 책임자는 주인공이 중국인이라는 것을 그다지 좋아하지 않았다.

결국 영화는 중국 대신 다른 장소에서 찍기로 결정했다. 제3의 장소는 인도였다. 촬영을 위해 제임스 코번과 실리판트, 리는 인도를 사전 답사했다. 그러나 결과는 좋지 않았다. 제임스 코번은 인도 같은 곳에서는 절대 영화를 찍을 수 없다고 우겼다. 제작 여건이 낙후되어 도저히 영화를 찍을 수 없다는 게 그 이유였다. 좋지 않은 날씨와 인도 전역을 휩쓸고 있던 전염병도 문제가 되었다. 실리판트의 의견도 부정적이었다. 인도에서 돌아온 며칠 뒤 제임스 코번은 출연을 정식으로 거부했다.

첫 영화 출연이 무산되자 리는 한동안 크게 실망했다. 유색인종이었던 리에게 할리우드에서의 성공은 그만큼 쉽지 않았던 것이다. 하지만 곧 마음을 고쳐먹고 일어섰다. 언젠가는 대 스타가 되어 할리우드의 콧대를 꺾고 동양과 서양을 초월한 스타가 되기로 굳게 결심했다.

얼마 뒤 리는 〈롱 스트리트〉라는 텔레비전 시리즈 물에 단역으로 출연하게 되었다. 그 시리즈는 예상외로 큰 인기를 끌었다. 〈롱 스트리트〉가 성공하자 제작사인 워너브라더스는 쿵후를 소재로 새로운 드라마를 기획하게 되었다. 주인공은 〈롱 스트리트〉에서 좋은 연기를 펼친 리로 정해졌다. 그러나 이 기획은 돌연 취소되었다. 중국인에게 비중 있는 역할을 맡길 수 없다는 반대 의견에 부딪혔기 때문이었다. 또 한 번 경험하게 된 동양인으로서의 시련이었다. 리는 이를 악물고 절망감을 이겨 냈다.

하루는 홍콩에 있는 동생 로버트가 미국으로 형을 찾아왔다.

로버트는 리와 달리 약골이었다. 어릴 때부터 음악을 좋아했던 로버트는 운동과는 거리가 멀었다. 공항으로 마중 나갔던 리는 동생을 포옹

하다가 깜짝 놀랐다. 몇 년 만에 본 동생의 몸은 왜소하기 그지없었다.

　다음 날 새벽, 여행의 피로로 곯아떨어진 로버트를 누군가 흔들어 깨웠다. 그는 로버트에게 말없이 운동화를 던져 주고 밖으로 나갔다. 운동을 하자는 것이었다. 로버트는 짜증을 내며 겨우 일어났다. 로버트는 밖에서 기다리는 형을 외면할 수 없어 억지로 따라나섰다. 형은 로버트를 데리고 공원을 따라 조깅했다. 돌아오는 길에 로버트가 투덜거렸다.

　"난 운동에 관심이 없단 말이야. 그리고 몸이 약해서 조금만 뛰어도 심장이 쿵쿵거린다구."

　리가 웃으며 대답했다.

　"인간에게 한계란 없어. 한계를 극복하기 위해 노력하면 그 한계는 언제나 무너지게 마련이지. 힘들다는 이유만으로 자신의 육체를 나약하게 방치하는 건 좋지 못한 습관이야. 그것은 자신을 아끼지 않는 것이니까. 자신을 아끼지 않는 사람은 타인도 아낄 수 없어."

　형의 말만 듣고 있던 로버트가 말했다.

　"형은 뛰어난 운동 감각을 지녔으니까 그런 소리를 하지."

　"그렇지가 않아."

　리는 조깅을 멈추고 동생의 손을 잡았다.

　"그동안 아무에게도 말하지 않은 비밀이 있어. 무술을 수련하기엔 니 역시 엄청난 신체적 장애가 있는 몸이거든."

로버트는 깜짝 놀라 형을 쳐다보았다. 그동안 한번도 듣지 못했던 이야기였다. 로버트에게 있어 형은 타고난 신체 조건과 운동 실력을 가진 인물이었다.

"겉으로 봐선 잘 모르겠지만 내 오른쪽 다리는 왼쪽 다리보다 1인치나 짧아. 처음 발차기를 할 때 균형 잡는 일에 한동안 애를 먹었어. 하

지만 반복해서 연습을 했더니 이제는 다리가 짝짝인 게 더 편해졌어. 그뿐인 줄 아니? 너도 알겠지만 난 어릴 때부터 근시야. 몇 미터만 떨어져도 상대의 얼굴을 잘 구별하지 못해. 상대의 급소를 찾아 정확히 맞춰야 하는 무도 수련가에겐 치명적인 약점이야. 눈대중으로 상대를 공격할 수는 없는 일이잖아?"

"그런 상태로 지금까지 무술을 했단 말이야?"

로버트가 놀란 얼굴로 물었다.

"다른 사람보다 더 많이 연구하고 더 많이 연습해야 했지. 그러다 보니 내 몸만이 가진 장점도 발견할 수 있게 되었고……."

무엇을 생각하는지 리는 한참 동안 말을 멈추었다.

"더구나 나는 체구도 작아. 또 영어도 제대로 구사하지 못하는 중국인이야. 누구에게도 뒤지지 않는 실력을 지니고도 할리우드에선 언제나 찬밥 신세를 면치 못하고 있지. 하지만 나는 단 한 번도 포기하지 않았어."

"……."

그날 이후 리는 매일같이 로버트를 깨워서 함께 조깅했고 그에게 무술을 가르쳤다. 식사도 정성껏 만들어 주었다. 한 달 뒤 로버트는 체중이 10킬로그램이나 불어 홍콩으로 돌아가는 비행기에 올랐다.

그 무렵 리는 수십 통의 편지를 받고 있었다. 편지는 한결같이 홍콩에 있는 영화 제작자들이 보낸 것이었다. 홍콩의 제작자들은 리가 미국에서 펼친 활동들을 익히 알고 있었다. 리가 활약한 〈그린 호네트〉가 홍콩에 수입되어 방영된 덕택이었다. 그들은 리가 홍콩으로 돌아와 영화에 주연으로 나서 줄 것을 간곡히 청했다. 그런 제의는 오래전부터 있었다. 하지만 할리우드에서 성공하기를 희망했던 리는 그런 제의들을 정중하게 거절했다.

어느 날 홍콩에서 한 여인이 로스앤젤레스로 리를 찾아왔다. 그녀는 골든 하베스트 사의 유명한 영화 감독 로 웨이의 부인이었다. 골든 하베스트는 홍콩 최고의 영화 제작사인 쇼 브라더스에서 떨어져 나온 영화사였다.

당시 골든 하베스트는 자금 문제로 회사가 문을 닫을 위기에 몰려 있었다. 만드는 영화마다 흥행에 실패했고 이름 있는 배우도 확보하지 못했다. 위기를 모면하기 위해서는 흥행에 크게 성공할 수 있는 영화가 필요했다. 또한 영화에 주인공이 되어 줄 스타도 필요했다. 그들은 주연 배우를 찾기 위해 사방으로 눈을 돌렸고 리가 그들의 계획에 가장 적절한 인물이라는 사실을 알게 되었다. 할리우드에서 활약 중인 리를 스카우트하여 회사가 처한 어려움을 극복하고 홍콩 영화 산업을 장악하고자 했던 것이다.

비행기를 타고 먼 길을 날아온 로 웨이 부인은 리를 만나 홍콩으로 돌아가자고 간곡히 청했다. 회사의 운명이 걸린 출장이었다.

"난 홍콩으로 돌아가기를 원하지 않아요."

리는 로 웨이 부인의 제의를 거절했다. 그러나 순순히 물러날 로 웨이 부인이 아니었다.

"우리는 당신을 원해요."

로 웨이 부인도 물러서지 않고 리를 설득했다.

"이곳에서 언제까지 주연만 하실 수는 없는 일 아닌가요? 홍콩에 와

서 마음껏 당신의 연기를 펼치세요."

며칠 동안 밀고 밀리는 협상이 계속되었다.

"난 언제까지 조연을 하지 않아요. 반드시 주연을 할 겁니다."

"꼭 그 방법만 있는 건 아녜요."

리가 계속 거절하자 로 웨이 부인은 다른 방법으로 리를 설득했다.

"무슨 좋은 방법이라도?"

그 말에 리는 마음이 흔들렸다.

"우리 영화로 할리우드를 직접 공략하는 거예요."

잇단 출연 취소로 실의에 빠져 있던 리는 마침내 로 웨이 부인의 청을 수락했다. 편당 출연료 1만 달러에 두 편의 영화를 찍기로 계약했던 것이다.

"그래, 홍콩에서 만든 영화로 할리우드를 공략하는 거야."

리는 두 주먹을 불끈 쥐었다.

로 웨이 부인이 돌아간 직후, 대만에 있는 한 제작자로부터 국제 전화가 걸려 왔다. 그 제작자는 로 웨이 부인과의 계약을 취소하고 자신들과 계약하자고 설득했다. 그는 출연료를 몇 배로 올려 주겠다며 달콤한 제의를 해 왔다. 리는 그 자리에서 그의 제의를 묵살했다.

"나는 이미 계약을 했습니다. 돈 때문에 계약을 깨뜨릴 수는 없어요."

5. 돌아온 용

마침내 리는 가족이 있는 홍콩으로 돌아왔다.

1971년 7월, 리가 서른한 살 되던 해였다. 시민권을 얻고자 미국으로 건너간 지 14년 만이었다. 떠날 때 홑몸이었던 리는 어느덧 두 아이의 아버지가 되어 있었다. 곁에는 아이들과 함께 아내 린다가 그림자처럼 따르고 있었다.

홍콩은 동양의 할리우드라 불리는 곳이었다.

매년 100여 편 가까운 영화들이 홍콩에서 만들어졌다. 하지만 홍콩의 영화 제작 현실은 할리우드와 비교할 수 없을 정도로 낙후돼 있었다. 당시 홍콩 영화 산업은 쇼 브라더스라는 영화사가 장악하고 있었다. 쇼 브라더스는 막대한 자금을 바탕으로 거대한 촬영 단지를 조성하였다. 그런 다음 전 세계에 배급되는 많은 중국 영화를 제작했다.

하지만 대부분의 영화는 조악하기 그지없는 것이었다. 영화 한 편당 제작비는 할리우드의 10퍼센트에도 못 미쳤다. 시나리오도 변변찮았고 외국 영화의 스토리를 그대로 베끼기 일쑤였다. 일부 유명 감독을 제외하면 배우나 촬영진들은 적은 보수로 노동력을 혹사당했다. 촬영과 녹음도 분리되어 있어 영화의 음질은 형편없는 수준이었다.

그렇지만 영향력은 대단했다. 쇼 브라더스에서 만든 영화는 홍콩은 물론 싱가포르와 인도네시아 등 동남아 각지에 흩어진 수백 개의 극장에서 하루도 거르지 않고 상영되었다.

홍콩 영화의 뿌리는 원래 상하이였다. 상하이에 기반을 두고 영화를 제작하던 제작자들은 중국이 공산화되면서 홍콩과 대만으로 탈출했다. 공산주의 사회에서는 대부분의 예술 활동에 제약이 뒤따랐다. 더구나 공산주의 사회에서 예술 활동은 표현의 자유를 박탈당하기 일쑤였다. 대부분의 창작물이 체제 선전을 위한 도구로 활용되었고 영화 제작자들은 자유롭게 영화를 만들고 싶어했다.

영화를 위해 중국을 탈출한 일단의 사람들은 끼리끼리 연합하여 영화사를 차리기 시작했다. 그중의 하나가 유명한 쇼 브라더스였다. 하지만 쇼 브라더스는 적은 돈으로 배우와 제작진의 노동력을 착취하며 돈을 끌어 모으는 일에만 열중했다. 때문에 많은 사람들의 불만을 샀다.

1970년 쇼 브라더스에서 일하던 사람 몇 명이 독립하여 따로 회사를 차렸다. 회사 이름은 골든 하베스트였다. 자본과 인력, 장비와 기술이 뛰어난 쇼 브라더스에 비해 골든 하베스트는 기반이 형편없이 허약했다. 영화는 만드는 족족 흥행에 실패했다.

그때 홍콩의 텔레비전 방송국들은 리가 미국에서 출연한 드라마들을 수입하여 방영하고 있었다. 리가 미국에서 조연으로 출연한 〈그린 호네트〉와 〈롱 스트리트〉는 홍콩에서 큰 인기를 끌었다. 골든 하베스트의 간부들은 리의 활약을 눈여겨보기 시작했다. 그들은 미국에서 활약 중인 리를 스카우트하여 영화를 만들면 크게 히트할 것이라고 생각했다. 이런 이유로 평소 리와 안면이 있던 로 웨이 부인을 미국으로 보내 리를 설득했던 것이다.

리는 이른 새벽 공항에 도착했다.

다시 돌아온 홍콩은 변한 것이 별로 없었다. 날씨는 여전히 무더웠고 공기는 탁했다. 그러나 공항에 도착한 리는 뜻밖의 인파에 깜짝 놀랐다. 아직 이른 시간이었음에도 불구하고 많은 사람들이 리를 환영하기 위해 공항에 나와 있었다. 그들은 리를 보기 위해 아침부터 집을 나온 팬들이었다.

"잘 돌아왔습니다."

공항과 도로 주변에 늘어선 사람들이 플래카드를 들고 큰 소리로 리를 연호했다. 리 자신도 예상하지 못한 환대였다. 할리우드에 있을 때

리의 신분은 한낱 조연 배우에 불과했다. 그러나 홍콩 사람들은 그런 사실조차 무척 자랑스러워하고 있었다.

다섯 살 난 아들 국호를 목말 태운 채 리는 서서히 비행기 트랙을 내려섰다. 시민들을 보며 리는 뜨거운 동포애를 느꼈다. 리는 최선을 다해 사람들의 환영에 보답해야겠다고 마음속으로 굳게 다짐했다.

귀국 이후 바쁜 나날이 계속되었다.

하루도 거르지 않고 기자들이 집으로 찾아와 인터뷰를 요청했다. 때를 같이하여 텔레비전과 극장에서는 리가 미국으로 가기 전 아역 배우로 활동했던 당시의 영화들을 다시 방송했다. 영화를 새로 찍기도 전에 홍콩에서는 브루스 리 붐이 일고 있었다. 리는 그와 같은 사실에 크게 고무되었다. 리는 할리우드 영화 장면을 능가하는 멋진 연기를 보여 주어야겠다고 결심했다. 골든 하베스트 사를 창립한 추 사장을 만나 리는 이렇게 말했다.

"난 할리우드에 버금가는 영화를 원하고 있지 않습니다. 하지만 할리우드 영화에서 다루지 않는 색다른 연기를 보여 주고 싶습니다."

리는 시간이 날 때마다 홍콩에서 상영 중인 액션 영화들을 관람했다. 홍콩 영화의 문제점이 무엇인지 찾기 위해서였다. 리는 지금까지 무술 영화에서 다루었던 평범한 동작과는 전혀 다른 연기를 하고 싶었다. 그러기 위해서는 무엇보다 홍콩 영화의 현실을 제대로 알아야 했다.

상영 중인 영화들을 두루 관람한 리는 크게 실망했다. 영화의 줄거리는 대부분 비슷했고 배우들의 연기는 엉성했다. 배우만 바뀌었을 뿐 그 영화가 그 영화였다. 특히 액션 장면은 엉터리에 가까웠다. 손과 발이 몸에 닿기도 전에 배우들은 과장된 동작으로 나가떨어졌다. 무술 동작도 전혀 현실성이 없었다. 배우들은 적당히 흉내만 내었다. 대사도 엉망이었고 억지로 웃음을 유도했다.

집으로 돌아온 리는 하나하나 문제를 분석하고 대안을 생각했다. 마침내 리는 무술 동작을 할 때는 실제 동작으로 정교하게 해야 한다는 것을 깨달았다. 흉내가 아닌 실제 무술로 치고받는 것이다. 따라서 판에 박은 손짓과 발짓이 아닌 새로운 동작과 무기를 개발할 필요성도 느꼈다.

이렇게 하여 찍게 된 리의 첫 영화가 〈당산대형〉이었다.

〈당산대형〉은 '큰형님' 이라는 뜻을 가진 제목이었다. 감독은 골든 하베스트 사의 총감독 로 웨이였다. 모든 계획이 치밀하게 진행되었다. 리는 로 웨이와 함께 영화의 촬영 무대인 타이로 떠났다. 그곳에서 제작진은 외부와 연락을 끊은 채 오로지 영화 촬영에만 몰입했다.

촬영 환경은 생각보다 훨씬 더 열악했다. 할리우드와 홍콩의 영화 제작 현실은 천지 차이였다. 할리우드는 모든 영화 촬영이 계획표에 의해 차례대로 진행되었다. 각 분야의 담당자들이 세분화되어 있어 배우들은 오로지 촬영에만 몰입할 수 있었다. 하지만 홍콩은 모든 것이 즉흥적으로 진행되었다. 대본은 형식적으로 존재했고 촬영 당일 감독과 배우의 컨디션에 따라 수시로 바뀌었다. 체계 없이 몇 사람이 이런 저런 일을 겹쳐서 맡다 보니 의상 준비나 촬영 장소 섭외도 엉망이었다. 음식도 입에 맞지 않았고 단역을 구하는 일도 쉽지 않았다.

촬영 개시 일주일 만에 리는 몸무게가 5킬로그램이나 빠졌다. 그래도 촬영은 강행되었다.

중요한 촬영이 있던 날 조연을 맡은 한 배우가 개인적인 사정으로 촬영장에 늦게 나타났다. 많은 제작진이 햇볕 아래 서서 그 배우가 나타나길 기다렸다. 불같이 노한 리는 배우가 나타나자 호통을 쳤다.

"자기 자신을 다스리지 못하는 사람은 배우 자격이 없습니다."

그 배우는 뒤늦게 자신의 잘못을 깨닫고 모두에게 사과했다.

이런저런 사건들이 있었지만 영화는 무사히 촬영되었다. 영화에서 리는 타이에 이주한 친척을 찾아가는 청년 역을 맡았다. 영화는 타이에 살고 있는 화교들을 다룬 이야기였다.

타이에 도착한 리는 얼음 공장에 직원으로 취직한다. 그러나 그곳은 악당들의 소굴이었다. 사장은 자신의 공장을 얼음 공장으로 위장한 채 실은 마약 밀매의 창구로 활용하고 있었던 것이다. 사장이 마약 밀매단 우두머리라는 것을 알게 된 리는 어머니와의 약속으로 갈등한다. 공장에서 각종 악행이 벌어지지만 리는 나서지 않는다. 리는 타이로 떠나오기 전 다시는 사람들과 싸우지 않겠다고 어머니와 맹세를 했던 것이다. 맹세와 불의 사이에서 갈등하던 리는 더는 참지 못하고 마침내 악당들을 하나 둘 쓰러뜨린다.

영화 속 리의 처지는 리가 미국으로 건너갔을 당시의 상황과 비슷했다. 단돈 100달러를 쥐고 미국행 배에 오르며 리는 다시는 싸움을 하지 않겠다고 아버지와 약속했다. 영화 속에서도 리는 어머니와 싸우지 않겠다고 약속하고 타이로 떠난다.

1971년 여름에 촬영한 〈당산대형〉은 그해 11월에 개봉되었다.

영화는 대성공이었다. 영화 속의 현실감 있는 무술 장면은 대번에 화제가 되었다. 영화를 본 사람들은 저마다 이소룡을 연호했다. 무술 도장마다 수련생들이 몰려들었다. 그들은 모두 리를 닮고 싶어 했다. 홍콩에서는 개봉 몇 주 만에 그때까지의 모든 영화의 흥행 기록을 갈아 치웠다. 매스컴은 일제히 용(龍)이 탄생했다고 리를 치켜세웠다. 번개처럼 빠른 발차기 기술을 구사하는 리에게 사람들은 '다리가 세 개나 달린 사나이'라는 별명을 붙여 주었다.

영화 속에서 리는 악당들과 실제로 치고받았다. 몸을 날리는 고난도 발차기도 속임수 없는 실제 연기였다. 관중들은 그런 리의 모습에 열광했다.

〈당산대형〉의 개봉은 동남아로 확대되었다. 개봉하는 곳마다 구름처럼 관중이 몰려들었다. 영화는 가는 곳마다 대성공이었다. 돈이 없어 회사가 문을 닫을 위기에 빠져 있던 골든 하베스트는 수백만 달러라는 엄청난 돈을 일시에 벌어들였다. 할리우드에서 인종 차별을 받으며 조연에 만족했던 리가 할리우드를 넘어서는 스타로서 그 첫발을 내디딘 것이다.

어느 날 골든 하베스트로 한 통의 전보가 날아왔다.

직원은 전보를 들고 즉시 리에게 달려왔다. 전보는 미국의 유명한 텔레비전 방송국 프로듀서가 보낸 것이었다. 전보에는 다음과 같이 쓰여 있었다.

당신과 같이 일하고 싶습니다. 곧 미국으로 돌아오시오.

새로운 텔레비전 시리즈 물에 출연해 달라는 이야기였다. 출연료도 예전과 비교할 수 없을 정도로 많았다. 홍콩에서 영화를 크게 성공시킨 리의 명성은 할리우드에까지 뻗쳐 있었다.

초청은 고맙지만 저는 이곳에서 영화를 계속하고 싶습니다.

리는 곧장 거절하는 답장을 보냈다. 텔레비전에 출연하는 것보다 리는 영화를 원했다. 다음 영화가 리를 기다리고 있었다.

두 번째 영화는 홍콩의 세트장에서 촬영되었다.

영화의 무대는 1900년대 초 중국 상하이였다. 어느 날 스승의 장례식에 참석하기 위해 상하이에 도착한 리는 그곳에 거주하는 일본인들의 횡포를 목격한다. 일본인들은 중국을 병든 나라라고 비하하며 중국인 무술 도장에 도전장을 보내온다. 화가 치민 리는 일본인 도장으로 찾아가 그길로 일본인 고수들을 혼내 준다. 그 과정에서 리는 스승의 요리사가 일본인들에게 매수되어 스승을 독살했음을 알게 된다. 일본인 관장은 무술계를 주름잡는 대부로 상하이에서 막강한 영향력을 지닌 인물이었다. 스승의 복수를 위해 리는 요리사를 처단한다. 그사이 중국인 도장을 급습한 일본인들은 도장을 엉망으로 만들어 놓고 사라진다. 리는 정식으로 일본인 관장에게 도전장을 내고 그들을 찾아간다. 그런 다음 관장과 부하들을 모조리 때려눕힌다. 싸움을 끝내고 리가 중국인 도장으로 돌아왔을 때 그곳에는 일본인들이 경찰과 함께 리

를 기다리고 있었다. 리는 도장의 명예를 지키며 끝까지 대항하다가 일본인들이 쏜 총에 의해 사살된다.

리는 이 영화에 자신의 주특기가 된 괴조음을 적용했다. 괴조음은 새가 날카롭게 울부짖는 소리와 비슷한 일종의 기합 소리였다. 기합 소리를 내면 근육이 긴장하게 되고 상대방도 겁을 집어먹게 된다. 그는 이처럼 자신이 개발한 무예를 영화에 직접 사용했던 것이다.

〈정무문〉이라는 이름으로 상영된 두 번째 영화는 〈당산대형〉의 흥행을 훌쩍 뛰어넘었다. 연일 기록적인 관람객이 영화관으로 몰려들었다. 당시 영화 입장권은 2달러였다. 그러나 이 입장권은 20배가 넘는 40달러에 암표로 팔려 나갔다. 개봉 첫날 관람 인파로 인해 극장 주변의 대부분의 도로는 마비되었다.

영화는 홍콩뿐만 아니라 아시아 전역으로 확대 개봉되었다. 싱가포르에서는 교통마비로 인해 영화 상영이 일주일간이나 연기되었다. 극장 측이 주차 대책을 수립한 이후에야 영화 상영이 허가된 것이다. 영화는 미국에서도 개봉되었다. 미국 역시 수백만 달러의 흥행 기록을 수립했다. 영화 개봉에 맞춰 미국에 초대된 리는 한 방송국의 인터뷰에서 다음과 같이 말했다.

"영화 속에서 배우는 맡은 배역과 혼연일체가 되어야 합니다. 동작만 흉내 낸다면 그 연기는 죽은 연기입니다. 그러기 위해서는 무술 연기를 완벽하게 소화할 수 있는 체력과 기술이 필요합니다. 속임수를 써서 만들어 내는 모든 동작은 관객을 감동시키지 못합니다. 오직 우롱할 뿐이지요. 때문에 나는 밥을 먹을 때에도 화장실에 앉아 있을 때에도 동작을 반복해서 머릿속에 떠올립니다. 내 머릿속은 늘 무술에 관한 생각으로 가득할 뿐입니다.

또한 나는 연기에 임할 때마다 늘 일정한 분노를 가지고 몰입하길 좋아합니다. 영화 속의 상황은 곧 현실입니다. 나는 현실 속에서 싸움을 하고 악당을 물리칩니다. 관객들이 나와 같은 감정을 가지고 영화를 바라보기 때문에 그들 또한 감동을 느끼는 것 같습니다."

다른 기자는 어떻게 하면 싸움에서 지지 않고 이길 수 있는지를 물었다. 빙그레 웃으며 리가 대답했다.

"인간들이 싸우는 이유는 그들의 마음이 불안함으로 가득 차 있기 때문입니다. 불안하기 때문에 사람들은 늘 자신을 방어해야 한다는 강박 관념에 사로잡히게 되지요. 효과적인 방어 본능을 시험하기 위해서는 자신이 다른 이들보다 낫다는 것을 증명해야 하고 그때 우발적으로 폭력 행위가 일어납니다. 그러나 내면적으로 안정이 된 사람은 무엇인가를 입증하려는 마음이 없습니다. 남에게 자신을 과시하거나 보여 주려고 하지도 않습니다. 그들의 내면은 단단하고 강해서 어떠한 외부의 공격에도 쉽게 흔들리지 않게 되지요. 일찍이 손자는 그가 지은 병법책을 통해 싸우지 않고 적을 굴복시키는 것이 최상의 무술임을 밝혔습니다. 무술의 진정한 의미는 싸우지 않고 이길 수 있는 방법을 깨닫는

데 있습니다. 신체적 동작을 통한 자기 방어는 가장 마지막 수단이 되어야 합니다. 무술은 적을 손이나 발로 제압하는 게 아닙니다. 자신의 분노와 이기심을 떨쳐 내는 데에 그 목적이 있습니다. 한 번 손을 놀리고 발을 들어 올릴 때마다 마음은 깨끗해지고 오직 한 가지만 생각하게 됩니다. 이기심으로 똘똘 뭉친 나를 깨뜨리는 것, 그것이 바로 무도입니다."

〈정무문〉에서 중국계 관객들은 일본인을 통쾌하게 물리치는 장면에 열광했다. 청일 전쟁에 연이어 중일 전쟁을 겪었던 중국인들에게는 일본인에 대한 뿌리 깊은 원한이 남아 있었다. 태평양 전쟁 당시 중국을 침략한 일본은 강제로 만주국을 세웠고 난징을 비롯한 대도시에서 수십만 명의 중국인을 무참히 학살했다. 영화를 통해서였지만 리는 통쾌한 복수극을 통해 중국인들의 민족적 자존심을 살려 주었던 것이다. 영화를 통해서 리는 전 중국인들의 영웅이 되었다.

인기가 높아지면서 리는 종종 예상치 못한 일들과 부딪혔다.

가는 곳마다 기자들이 몰려들어 사생활을 침해받기 일쑤였다. 가장 견딜 수 없는 것은 시도 때도 없이 시비를 걸어오는 싸움꾼들이었다. 그들 중에는 무술 사범도 있었고 건달도 있었다. 그들은 리와 싸워 자신이 유명해지기를 바랐다. 조그마한 시비만 붙어도 어디선가 나타난 기자들이 재빨리 사진을 찍고 기사를 부풀렸다.

한번은 우연히 함께 밥을 먹게 된 여배우와 사진을 찍은 일이 있었다. 그런데 어느새 기자들이 그 장면을 찍어 가지고 사라졌다. 며칠 후 한 잡지는 리가 그 여배우와 깊은 관계에 빠졌다고 보도했다. 이어 다른 잡지들도 연이어 리와 여배우의 관계를 부풀려 보도했다. 그런 일들이 반복되면서 리는 극도의 신경쇠약에 시달렸다. 리는 점점 사람들을 멀리하게 되었고 곧잘 신경질을 부렸다. 가깝게 지내던 친구들도 하나 둘씩 그의 곁을 떠났다. 그러면 그럴수록 리는 무술 연습과 영화에만 매달렸다. 바라던 대로 큰 인기를 얻었지만 리의 가슴 한구석에는 외로움이 가득 들어찼다.

그즈음 리는 자동차 모는 일에 흥미를 갖기 시작했다. 자동차를 타고 도로를 질주하는 리를 사람들은 알아보지 못했다. 사람들의 시선을 벗어나 마음껏 달리며 리는 자신만의 자유를 만끽했다. 자동차를 몰고 달릴 때 리는 비로소 자유를 느꼈다. 자동차 속에는 자신을 집요하게 따라다니는 시선도 감시하는 눈길도 없었다.

1972년 여름 오랫동안 바라던 새집이 마침내 완성되었다. 서구식과 중국 전통식을 혼합하여 홍콩 외각에 지은 웅장한 저택이었다. 열 번도 넘는 이사 끝에 마침내 자신의 집을 마련한 리와 린다는 뛸 듯이 기뻐했다. 집에는 그동안 리가 사용하던 각종 운동 기구와 서적들을 들여놓았다. 리가 아끼는 자동차를 보관하기 위한 차고도 마련되었다.

〈당산대형〉과 〈정무문〉이 차례로 개봉되어 연일 흥행 기록을 세워

나갈 때였다. 미국에서 두 명의 백인이 리를 만나러 비행기를 타고 날아왔다. 윌리엄스 감독과 유명한 배우 제임스 코번이었다. 그들은 리에게 자신들이 제작 중인 영화에 출연해 줄 것을 부탁했다. 공동 주연 자격이었다. 리는 그 제의를 정중하게 거절했다.

"주인공이라면 모를까 나는 이제 들러리 출연은 하지 않습니다. 이건 나 혼자만의 문제가 아니라 전 중국인의 자존심이 걸린 문제입니다."

리는 지난날 할리우드에서 받았던 차별을 기억했다. 다시 그것을 되풀이하고 싶지 않았던 것이다. 그들이 재차 부탁했지만 리는 끝내 듣지 않았다.

〈당산대형〉과 〈정무문〉이 히트하자 사람들은 영화 속에서 리가 사용하는 무술에 관심을 나타냈다. 그들은 곧 리의 무술이 절권도라는 것을 알게 되었다. 절권도는 영화 이상으로 선풍적인 인기를 끌었다. 하지만 다수의 정통 무술인들은 형식을 무시하는 절권도를 못마땅하게 생각했다.

그 무렵 한 텔레비전 방송국에서 초청장을 보내왔다.

리가 창안한 절권도와 다른 무술을 비교하는 특집 프로그램에 출연해 달라는 내용이었다. 내키지 않는 자리라 리는 몇 번이나 제의를 거절했다. 괜한 구설수에 오르고 싶지 않아서였다. 리가 계속 거절하자 평소 안면이 있는 방송국 관계자가 집으로 찾아왔다.

"절권도를 알릴 수 있는 절호의 기회인데 왜 거절을 하시오?"

그는 프로를 기획한 자신의 입장이 난처하게 되었으니 출연해 줄 것을 부탁했다. 리는 할 수 없이 초청에 응했다. 스튜디오에는 리 말고도 전통 무술계의 각기 다른 유파의 대표 여섯 명이 나와 있었다. 그들은 모두 이름만 대면 알 만한 무술계의 고수들이었다. 출연자 소개가 이어지고 각각 무술의 장단점들이 소개되었다. 대표로 참석한 고수들은 저마다 자신의 무술이 최고라고 과시하며 각종 동작을 펼쳐 보였다.

한창 프로가 진행되고 있을 때 뜻하지 않은 방송 사고가 발생했다. 방청석에서 한 사람이 갑자기 촬영 세트가 있는 무대 위로 뛰어 올라왔던 것이다. 청색 도복을 걸친 남자였다. 각본에 없던 일이라 모두 당황했다. 프로그램은 생방송으로 홍콩 전역에 방영되고 있었다. 무대로 올라온 청색 도복이 기마 자세를 취하며 소리쳤다.

"누구든 나를 밀쳐 뒤로 한 발짝이라도 물러서게 해 보시오. 나는 오랫동안 기 수련을 한 사람이오. 나는 몸을 기로 운용하고 있기 때문에 절대로 이 자리에서 움직이지 않을 자신이 있소."

방청석에서 웅성웅성 소란이 일었다. 시청자들은 텔레비전에서 눈을 떼지 않고 갑자기 닥친 사태를 지켜보았다.

"좋습니다. 그렇게 하지요."

사회자가 가까스로 상황을 수습했다.

"그렇다면 누가 제일 먼저 나서겠습니까?"

사회자가 무대에 앉아 있는 유단자들을 쳐다보았다.

"제가 하겠습니다."

출연자 가운데 한 사람이 나섰다.

그는 오랫동안 산속에서 수련을 마치고 하산한 근육질의 무술 유단자였다. 그는 있는 힘껏 청색 도복을 밀쳤다. 그러나 청색 도복은 끄떡도 하지 않았다. 이번에는 다른 유단자가 나섰다. 그는 일본에서 초청된 공수도 사범이었다. 공수도 사범은 기합 소리와 함께 몸을 날려 두 손으로 청색 도복을 밀쳤다. 그러나 그 자리에 박히기라도 한 듯 청색 도복은 움직이지 않았다.

방청석에서 일순 탄성이 터졌다. 출연했던 무술 고수들이 돌아가며 모두 청색 도복을 밀쳤지만 누구도 그를 움직이게 하지 못했다. 청색 도복은 태산처럼 제자리에 우뚝 선 채 한 걸음도 밀려나지 않았다. 청색 도복이 보이고 있는 기술은 남파권법 특유의 내공술(기를 몸 안에서 운용하는 기술)이었다.

이제 남은 사람은 이소룡 한 사람뿐이었다.

"덤벼 보시지, 이 신출내기 애송이!"

청색 도복은 거친 말로 리를 자극했다. 기선을 제압하기 위해서였다. 청색 도복의 목표는 애초에 리였다. 그는 평소에 리가 창안한 절권도를 못마땅해하고 있었다. 기회가 오자 여러 사람 앞에서 리를 공개적으로 망신 주기 위해 계획적으로 나섰던 것이다.

리는 흥분하지 않았다. 차분하게 일어선 리는 눈빛을 반짝이며 천천히 청색 도복을 향해 걸어갔다. 출연자들은 물론 모든 시청자들이 일제히 숨을 멈춘 채 다음 장면을 보기 위해 시선을 화면에 집중했다.

"이소룡은 과연 특기를 발휘해 청색 도복을 쓰러뜨릴 것인가. 과연 이소룡은 청색 도복을 움직이게 할 수 있을까."

자리에서 일어난 사회자가 큰 소리로 떠들었다.

"결과는?"

사회자가 동작을 멈췄다. 청색 도복은 황소처럼 눈을 치뜨고 자신을 향해 다가오는 리를 노려보았다. 기 싸움에서 밀리지 않기 위해서였다. 청색 도복의 눈빛은 리를 금방이라도 무대 밖으로 날려 보낼 것처럼 차고 강렬했다.

리는 특별한 예비 동작을 취하지 않았다. 청색 도복을 향해 걸어간 리는 1미터쯤 떨어진 거리에서 부드럽게 걸음을 멈추었다. 나비처럼 사뿐한 걸음걸이였다. 리의 얼굴엔 미소가 가득했다.

조명이 리를 향해 쏟아졌다. 긴장의 시간이 흘렀다. 어느 순간이 되자 리의 손이 번개처럼 움직였다. 부드러움 가운데 힘이 실린 동작이었다. 전광석화처럼 빨라서 누구도 제대로 리의 손동작을 보지 못했다. 때를 같이하여 어디선가 비명 소리가 들렸다. 청색 도복이 무대 뒤편으로 밀려간 뒤에야 사람들은 방금 무슨 일이 일어났는지를 알 수 있었다.

세트 밖으로 나가떨어진 청색 도복은 그 자리에서 기절했다.

"어떻게 된 일입니까?"

믿을 수 없다는 듯 사회자가 물었다. 리가 빙그레 웃으며 대답했다.

"나도 모르겠어요. 나는 단지 바람의 흐름에 몸을 맡겼을 뿐입니다."

"방금 그 동작도 절권도의 일종입니까?"

"물론입니다."

"한마디로 절권도란 무엇입니까?"

대답 대신 리는 주머니에 넣었던 지갑을 꺼내 사회자를 향해 내던졌다. 순간적인 동작이었다. 몸을 굽히며 사회자는 엉겁결에 지갑을 피했다. 리가 대답했다.

"그 움직임이 바로 절권도입니다."

"좀 더 자세히 말씀해 주시죠."

잘 납득이 되지 않는다는 듯 사회자가 질문했다.

"절권도는 정해진 무술의 형식을 파괴한 자유로운 동작의 집합체입니다. 형식도 없고 기법도 없습니다. 일반 무술에서는 자세를 중요시여기나 절권도에서는 정해진 자세가 존재하지 않습니다. 자신이 가장 편하다고 생각하는 자세가 절권도의 가장 이상적인 자세입니다. 사람마다 신체적 특징과 운동 능력이 다른데 획일화된 동작을 요구하는 것은 무리입니다. 절권도는 필요한 것을 취하고 그렇지 못한 것은 버립니다."

리가 절권도를 창안한 것은 미국 유학 시절 때였다. 하지만 그것을 체계적으로 정리한 것은 홍콩에 돌아온 이후였다. 리는 절권도를 배우고자 찾아오는 수련자들에게 고전적인 틀에서 벗어나야 한다는 점을 기회가 있을 때마다 강조했다.

"절권도의 가장 중요한 목적은 자신을 발견하는 일, 즉 '자아 발견'입니다. 모든 동작은 결국 하나의 형식일 뿐입니다. 동작을 추구하되 동작 안에 묻히지 말고 그냥 몸을 맡겨야 합니다. 몸을 내맡긴 채 모든 잡념을 떨치고 오직 한 가지, 내가 누구인지 질문을 던져야 합니다. 자아를 알지 못하면 적을 이길 수 없습니다. 절권도란 결국 궁극을 향해 마음을 열어 가는 하나의 과정입니다."

영화가 연이어 히트하자 리는 새로운 도전에 매달렸다.

그것은 본격적으로 자기만의 영화를 만들어 보는 일이었다. 〈당산대형〉과 〈정무문〉은 로 웨이 감독이 의도한 대로 만들어진 영화였다. 할리우드의 체계적인 영화 산업을 습득하고 돌아온 리에게는 낙후된 로웨이 감독의 작업 방식이 늘 불만일 수밖에 없었다. 리는 할리우드 식의 발전된 시스템으로 영화를 찍고 싶어 했다. 세 번째 영화를 만들어야 할 시기가 다가오자 리는 자신이 직접 각본하고 주연을 맡은 영화를 기획하게 되었다. 그렇게 하여 탄생한 것이 바로 세 번째 영화 〈맹룡과강〉이었다.

6. 춤추는 용

이제 리는 그토록 꿈꾸던 대 스타가 되었다.

리의 명성은 아시아는 물론 유럽과 아메리카 곳곳으로 퍼져 나갔다. 어린아이에서 노인까지 이소룡을 모르는 이는 없었다. 아이들은 리가 활약하는 무술 영화를 보며 부지런히 발차기를 연습했고 제2의 이소룡이 되기를 꿈꾸었다.

리가 세 번째 영화를 기획하고 있다는 소문이 나자 이곳저곳의 영화 제작자들이 몰려들었다. 리의 몸값은 계속 치솟았다. 〈당산대형〉과 〈정무문〉을 찍을 당시의 계약금은 영화 두 편을 합쳐 총 2만 달러였다. 그러나 상황은 완전히 변해 있었다. 골든 하베스트는 물론 경쟁사인 쇼 브라더스까지 리와 계약을 하기 위해 안간힘을 썼다. 심지어는 대만과 일본, 싱가포르에서도 사람이 찾아왔다. 리의 몸값은 할리우드의 일류 배우와 맞먹는 수십만 달러로 치솟았다.

그러나 리는 모두 거절했다.

자신이 직접 영화를 만들 계획이었기 때문이다. 리는 로 웨이 감독과 공동으로 콩코드 픽처스라는 영화사를 설립했다. 그런 다음 할리우드 식의 개선된 시스템으로 영화를 찍을 것이라고 언론에 발표했다. 그때까지만 해도 홍콩의 영화 작업은 조악했다. 스토리는 잘 연결되지 않았고 무술 동작은 억지 일색이었다. 감독들은 정해진 대본을 무시한 채 즉흥적으로 영화를 만들어 냈다. 동시 녹음이라는 개념조차도 알지 못했다. 리는 자신의 영화 작업을 통해 홍콩 영화의 제작 방법이 바뀌어지기를 바랐다.

〈맹룡과강〉의 무대는 로마로 정해졌다.

1972년 봄, 첫 촬영이 시작되었다.

어느 날 로마 공항에 한 중국인이 비행기를 타고 와 내린다. 홍콩에서 온 그 청년의 이름은 탕룽. 탕룽은 '중국 용'이라는 뜻이다. 공항에는 미모의 중국인 여자 첸이 그를 기다리고 있다. 첸은 로마에서 숙부와 식당을 경영하고 있는 아가씨였다. 그런데 숙부가 병을 얻으면서 폭력배들이 식당을 빼앗기 위해 영업을 방해하고 나섰다. 견디다 못한 첸이 그들을 막기 위해 홍콩에 있는 탕룽을 불러들인 것이다. 다음 날

어김없이 식당으로 불량배들이 몰려들고 탕룽은 뛰어난 권법으로 그들을 제압한다. 복수를 하기 위해 불량배들은 첸을 납치한다. 탕룽은 불량배 본거지로 찾아가 그들과 대결을 펼치고 첸을 구출한다. 위기감을 느낀 불량배 보스는 미국과 일본에서 이름난 싸움꾼을 불러들인다.

첫 작품 〈당산대형〉이 그랬듯 리는 외국에 화교로 나가 살고 있는 중국인들의 삶에 관심이 많았다. 그들의 비참한 삶을 영화로 만들어 희망과 용기를 주고 싶어 했다. 〈맹룡과강〉에는 할리우드의 유명한 액션 스타 척 노리스가 리의 상대역으로 출연했다. 척 노리스는 태권도 고급 유단자였다. 영화에서 탕룽으로 분한 리는 이탈리아에 있는 로마 시대 원형 경기장을 무대로 척 노리스와 장장 10여 분이나 대 혈투를 벌인다. 격투 끝에 리는 미국에서 온 킬러 척 노리스를 쓰러뜨린다.

영화를 찍던 중 뜻하지 않은 일도 있었다.

촬영이 막바지에 다다랐을 무렵 한 거구의 이탈리아 인이 리를 찾아왔다. 그는 체중이 120킬로그램이나 나가는 역도 선수였다. 그는 리에게 다가와 다짜고짜 자신을 주먹으로 쳐서 쓰러뜨려 보라고 했다. 운동으로 단련된 이탈리아 인의 체구는 빈틈없이 단단해 보였다. 리는 그의 제의를 사양했다. 괜한 구설수에 휘말리지 않기 위해서였다. 다음 날 그는 다시 리를 찾아왔다. 이번에도 리는 거절했다. 역도 선수는 리를 가리켜 겁쟁이라고 놀렸다. 그 다음 날도 역도 선수는 리를 찾아왔다. 계속 촬영을 방해하자 리는 조용히 그를 불렀다.

"원하는 게 무엇입니까?"

"나를 쓰러뜨려 보시오."

그는 자신이 쓰러지면 다시는 촬영장에 얼씬도 하지 않겠다고 맹세했다.

"좋소."

리는 그를 촬영장 옆에 있는 수영장으로 데리고 갔다. 그런 다음 수영장으로부터 2미터쯤 되는 거리에 자세를 잡고 서게 했다. 그를 다치지 않게 하기 위해서였다. 어느새 소문을 듣고 사람들이 몰려들었다. 리는 수건으로 역도 선수의 가슴을 여러 겹 감싸게 했다. 거구의 역도 선수는 피식 웃으며 태산처럼 서 있었다. 그는 바위처럼 차고 단단해 보였다.

"버텨 보십시오."

리는 역도 선수의 가슴에 주먹을 바짝 갖다 댔다. 손가락을 쭉 폈다 오므리는가 싶더니 기합 소리와 함께 주먹으로 역도 선수의 가슴을 짧게 강타했다. 다음 순간 믿기지 않는 일이 벌어졌다. 거구의 역도 선수는 마치 영화의 한 장면처럼 몸이 뒤로 붕 떠밀려 날아가 그대로 수영장 안으로 처박혔다. 겨우 물을 헤집고 나온 역도 선수는 믿을 수 없다는 얼굴로 수영장 가장자리에 앉아 숨을 몰아쉬었다.

"도대체 어떻게 된 일입니까? 내 몸무게는 당신의 두 배에 육박하는데 마지 새처럼 니기떨어졌어요."

한참 만에 역도 선수가 물었다. 리가 웃으며 대답했다.

"당신은 온몸에 힘을 주고 정지해 있었고 나는 움직였습니다. 차이가 있다면 그것뿐입니다."

촬영은 강행군으로 계속되었다.

혼자서 감독과 각본, 연기까지 해야 했던 리는 그야말로 눈코 뜰 새 없이 바쁘게 일정을 소화했다. 어느 날 리는 촬영 도중 현기증을 느끼며 머리를 감싸 쥐고 주저앉았다. 격렬한 통증이 머리를 울렸다. 사람들이 달려오자 리는 괜찮다며 손을 내저었다. 쉬었다 하라는 주변의 충고도 듣지 않았다. 리는 이를 악물고 촬영을 계속했다. 그리고 마침내 영화는 완성되었다.

〈맹룡과강〉이 개봉되자 홍콩에서는 다시 흥행 기록을 갈아 치웠다.

5백만 홍콩 달러라는 엄청난 기록이었다. 하지만 〈맹룡과강〉에는 비판도 잇따랐다. 〈맹룡과강〉에 등장하는 중국식 코미디는 지나치게 가벼워서 억지 웃음을 자아내게 한다는 것이었다. 또한 여주인공 첸과 탕룽의 사랑은 어설펐다는 지적도 있었다. 척 노리스와의 싸움 장면은 너무 오래 끌어서 관객들을 지루하게 한다는 반응이었다. 분명 할리우드에서 통할 수 있는 영화는 아니었다.

리는 한동안 실의에 잠긴 채 문제점을 찾으려고 노력했다.

그러다가 〈맹룡과강〉에서 선보인 무술들이 앞선 두 영화에서 한 발짝도 발전하지 못했다는 데에 생각이 미쳤다. 스토리 또한 새로운 것이 없었다. 등장인물만 바뀌었지 스토리도 〈당산대형〉이나 〈정무문〉과 크게 다르지 않았던 것이다. 리는 틈이 날 때마다 새로운 동작을 찾기 위해 고심했다. 길을 걸을 때에도, 정원을 산책할 때에도 손과 발을 휘두르며 그때그때 메모를 했다.

한번은 정원에서 산책 중이던 리가 감쪽같이 사라진 일이 있었다. 식사 준비를 끝낸 아내 린다가 아무리 리를 불러도 나타나지 않았다. 린다는 조심스럽게 정원 이곳저곳을 둘러보았다. 리는 커다란 무화과나무 아래 서 있었다.

"여보."

린다가 불렀지만 리는 듣지 못하고 뚫어지게 나무 위를 응시했다. 나무를 응시하며 리는 손과 발을 기괴한 동작으로 접었다 펴기를 반복했다.

"여기서 무얼 하세요?"

린다가 다가오자 리는 그제야 정신을 차리고 멋쩍게 웃었다.

"청설모가 노니는 모습을 관찰하고 있었소."

"무얼 하시게요?"

"나는 지금 청설모의 모습을 살피며 무술의 새로운 동작을 연구하고 있는 중이오. 저 옛날 선조들은 사마귀가 매미를 잡아먹는 모습을 보고 당랑권을 창조하지 않았소?"

당랑권은 왕랑이라는 사람이 만든 권법이었다. 무예에 능통했던 왕랑은 어느 날 자신의 무예를 시험하기 위해 소림사 고수에게 도전한다. 그러나 결과는 참담한 패배였다. 실의에 빠진 왕랑이 들판에 누워 있는데 어디선가 이상한 소리가 들렸다. 자세히 살펴보니 풀숲에서 사마귀 한 마리가 매미와 치열하게 싸움을 벌이고 있었다. 마침내 승리를 거둔 사마귀는 자기 몸집보다 큰 매미를 뜯어 먹기 시작했다. 옆에서 그 동작을 관찰한 왕랑은 즉석에서 권법의 동작을 개발했고 피나는 노력으로 그것을 익혔다. 몇 년 뒤 소림사를 찾았을 때 그의 적수는 없었다.

이렇듯 리는 자신이 부족하다고 생각하는 것은 끊임없이 연구하고 보완했다. 그러한 노력들은 다음 영화에서 고스란히 새로운 기술로 탄생하여 사람들을 열광시켰다.

〈맹룡과강〉의 열기가 채 식기도 전에 리는 자신이 주연을 맡은 네 번째 영화 제작에 착수했다. 영화 이름은 〈사망유희〉로 정해졌고 시나리오도 완성되었다. 〈사망유희〉는 죽음에 이르는 게임이라는 뜻이었다. 어느 날 중국에서 국보 유물을 도난당한다. 그것은 한국에 있는 어떤 섬으로 흘러들어 갔다고 한다. 소문에 의하면 그 섬에 있는 미지의 장소에는 알려지지 않은 탑이 있다고 했다. 탑 내부에는 각 층마다 각기 다른 무술의 대가들이 대기하고 있다는 것이었다. 그들을 꺾어야 다음 층으로 올라갈 수 있는데 높은 층으로 올라갈수록 더욱 강한 대가들이 기다리는 것이다.

리는 이 영화에 전 세계의 유명 무도인을 모두 출연시킬 원대한 계획을 세웠다. 앞에 개봉했던 영화들과는 전혀 다른 영화를 만들고 싶었던 것이다. 그들 중에는 압둘 자바와 같은 키다리 무술인도 있었다. 압둘 자바는 미국의 농구 선수로 키가 2미터 20센티미터에 달했다. 리가 있는 힘껏 발을 뻗어도 압둘 자바의 배꼽 근처밖에 이르지 못할 지경이었다. 리는 압둘 자바와의 결투 신에서 무려 300번이 넘는 발차기를 시도했다가 다리가 마비되어 한동안 고통을 겪기도 했다.

이런 노력에도 불구하고 촬영은 뜻밖의 일로 중지되었다. 시나리오가 문제였다. 시나리오에는 한국의 전통 무술인 태권도의 명예를 훼손하

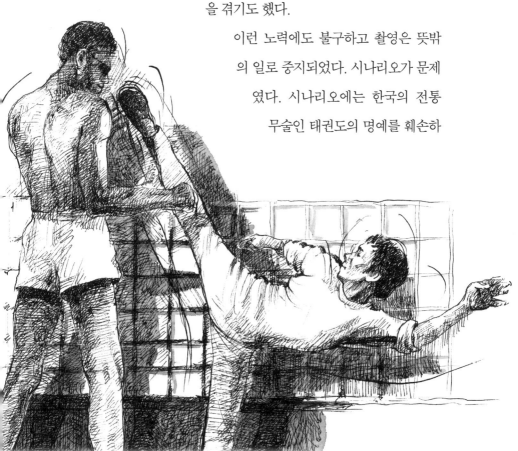

는 내용이 들어 있었다.

"이대로는 촬영에 응할 수가 없소."

조연으로 출연했던 한국 배우가 리에게 강하게 항의했다. 이미 촬영이 30퍼센트나 진행된 상태였다. 그동안 투입된 제작비도 엄청났다. 리는 대본을 면밀히 검토했다. 분명 문제가 있는 대본이었다. 더구나 리는 한때 태권도를 배운 일이 있었다. 리가 절권도에서 사용하는 발차기의 대부분은 태권도의 역동적인 동작을 응용한 것이었다. 리는 고심했다. 리가 태권도를 배운 것은 미국 유학 시절 이준구라는 한국인 태권도 사범으로부터였다. 이준구는 미국인들에게 태권도의 아버지로 불리는 위대한 인물로 미국 태권도의 개척자 가운데 한 사람이었다.

"좋습니다. 당신의 의견을 존중합니다."

대본을 검토한 뒤 리는 한국인 배우에게 말했다. 리는 즉시 담당자를 불러 대본을 대폭 수정하도록 요구했다. 촬영도 중요했지만 리는 태권도의 명예가 영화로 인해 왜곡되지 않기를 바랐다. 그는 영화배우이기 이전에 한 사람의 무도인이었던 것이다.

그때 또 다른 악재가 겹쳤다. 〈사망유희〉는 한국이 주된 촬영 장소였다. 마지막 장면에 등장하는 미지의 탑은 한국에 있는 것으로 설정되어 있었다. 탑의 모델은 속리산 법주사 팔상전(국보로 지정된 목조 5층탑)이었다. 그때 한국에 나가 있는 제작진으로부터 급한 연락이 왔다. 갑자기 날씨가 추워져서 도저히 촬영을 할 수 없는 상태라는 것이었다. 한국의 11월은 겨울로 들어서는 문턱이었다. 촬영은 다음 해 봄으로 미룰 수밖에 없었다.

이런저런 이유로 결국 〈사망유희〉 촬영은 일시 중지되었다. 〈사망유희〉에 출연한 배우들의 무술 지도를 하느라 리는 하루도 편하게 쉬지 못했다. 계속되는 강행군으로 몸과 마음이 모두 지쳐 있었다.

리의 인기가 하늘을 찌를 듯하자 할리우드에서 다시 사람을 보내왔다. 합작으로 새로운 영화를 만들어 보자는 제의였다. 합작 제의를 해 온 곳은 워너브라더스라는 거대 영화사였다. 이번에는 공동 주연이 아닌 이소룡 단독 주연이었다. 리는 마침내 할리우드를 점령할 기회가 왔다고 생각했다. 앞서 개봉한 영화들이 미국 시장에서 기록적인 관객을 동원했지만 리는 한 가지 불만이 있었다. 흥행에는 성공했을지언정 낙후된 기술과 제작 여건으로 인해 영화의 수준은 동양적인 조잡함을 넘어서지 못하고 있다는 점이었다.

리는 면밀히 합작 조건을 검토했다. 할리우드에서 내건 합작 조건은 상호 대등한 것이었다. 합작 영화의 제목은 〈용쟁호투〉로 정해졌다.

이 영화에서 리는 외딴섬에 침입하여 마약 밀매단을 소탕하는 주인공 '리' 역을 맡았다. 마약 밀매단 두목은 '한'이라는 이름을 가진 뛰어난 무도인이었다. 그는 섬을 요새화한 다음 마약 밀매의 본거지로 삼고 수많은 사람을 납치하여 죽인다. 그러던 어느 날 한은 무예가 출중한 부하를 뽑기 위해 섬에서 무술 대회를 개최한다. 세계 각국의 뛰어난 무도인들이 대거 초청된다. 3년 전 한의 부하들에게 누이동생을 잃은 주인공 리는 복수를 위해 무술 대회에 참가한다. 무사히 섬에 도착한 리는 밤마다 위험을 무릅쓰고 섬 이곳저곳을 염탐하여 섬의 실상을 경찰에 무전으로 알린다. 무술 대회는 계속되고 리는 격투 끝에 한을 죽이고 인질들을 구출한다.

촬영이 시작되자 미국에서 많은 배우와 제작진 들이 홍콩으로 건너왔다. 촬영 장소만 홍콩이었을 뿐 완전한 할리우드식 영화였다. 홍콩 인근의 작은 섬에 대형 세트가 실물처럼 세워졌다. 세트를 만드는 작업에는 자그마치 500명이나 되는 홍콩의 목수와 건축 기술자들이 참여했다. 감독은 할리우드의 명감독 로버트 클루즈였다. 촬영이 시작되자 클루즈는 깜짝 놀랐다. 말로만 듣던 리의 연기를 직접 눈으로 확인하자 그는 믿을 수 없다는 듯이 말했다.

"리의 동작은 모든 면에서 현실감으로 가득 차 있습니다. 그의 연기는 연기가 아닌 실제 상황 그 자체입니다. 액션 연기가 아닌 액션 그 자체입니다. 리는 배우인 동시에 훌륭한 무도인입니다."

그러나 촬영이 순탄하게 진행된 것만은 아니었다. 할리우드 식 촬영 시스템과 동양적인 정서는 곳곳에서 말썽을 일으켰다. 미신을 믿는 배 주인이 돌연 촬영에 쓰기 위해 임대한 배의 계약을 취소하여 촬영이 지연되기도 했다. 중국인 엑스트라들은 소품을 제멋대로 가져갔다.

리는 자신이 촬영하지 않는 날에도 어김없이 촬영장에 나타났다. 할리우드 배우들이 볼 때는 이해할 수 없는 행동이었다. 몸을 아끼지 않는 연기는 때때로 위험한 사고를 불렀다. 〈용쟁호투〉에서 코브라를 이용하여 적을 제압하는 장면을 촬영할 때였다. 리는 성난 코브라를 손으로 감아 내던져야 했다. 소품 담당은 실제 코브라와 함께 고무로 만든 인조 코브라를 준비했다. 움직이는 장면은 실제 코브라로 촬영하고 손으로 코브라를 만지는 장면은 인조 코브라를 사용하기 위해서였다. 이를 본 리가 말했다.

"물론 인조 코브라로 촬영을 하면 배우의 신체는 안전할 테지요. 하지만 그 화면은 죽은 화면입니다. 인조 코브라를 만지는 배우의 표정은 거짓된 표정입니다. 위험하더라도 실제 소품으로 촬영을 해야 합니다."

리는 고집을 꺾지 않으며 혀를 널름거리는 코브라를 집어 들었다. 그 순간 코브라가 본능적으로 리의 손가락을 물었다. 촬영은 한동안 지연되었고 리는 코브라에 물려 큰 고생을 했다.

비슷한 사고는 또 있었다. 악당이 병을 깨 들고 휘두르는 장면에서였다. 배우의 안전을 고려한 제작진은 설탕으로 만든 모조 유리를 준비했다. 하지만 리는 고개를 흔들었다. 촬영이 시작되었다. 위기에 몰린 악당은 병을 깨 리를 향해 휘둘렀다. 적당한 때에 악당은 병을 떨어뜨리게 돼 있었다. 그러나 배우는 병을 떨어뜨릴 타이밍을 잃어버렸다. 리의 동작이 너무 빨랐기 때문이었다. 리는 병에 손을 찔려 일주일 간이나 병원 신세를 졌다.

우여곡절 끝에 영화가 완성되었다. 처음부터 할리우드 방식으로 제 작된 영화였기에 리는 영화 개봉에 큰 기대를 걸었다.

"〈용쟁호투〉는 지금까지 제가 찍은 영화 중에 가장 만족스러운 작품입니다."

언론과의 인터뷰에서 리는 그렇게 말했다. 그러나 리는 영화가 개봉 되는 장면을 끝내 보지 못했다.

7. 용의 승천

종일 무더위가 계속되었다.

끈적끈적한 습기들이 미로처럼 얽힌 홍콩의 골목 위로 떠다녔다. 5월 중순이었지만 수은주는 한여름과 다를 바 없이 올라가 있었다. 바람은 미세했고 태양은 높이 떠서 종일 따갑게 아스팔트를 달구었다.

골든 하베스트 사의 스튜디오 안은 아침부터 열기로 후끈거렸다. 촬영한 필름에 녹음을 추가하고 편집하는 일이 며칠째 이어지고 있었다. 작업장 안은 찜통처럼 무더웠다. 워너브라더스에서 파견 나온 기술자들과 제작을 마무리하려는 촬영 관계자들로 인해 스튜디오 안은 일찌감치 북적거렸다. 그 틈에서 리는 시간 가는 줄 모르고 작업을 지켜보았다. 가장 늦게 스튜디오를 나서고 가장 먼저 출근하는 날이 반복되었다.

"좀 쉬는 게 어떻겠소?"

보다 못한 추 사장이 말했다. 리는 고개를 흔들었다.

"몇 달 뒤면 할리우드를 뒤흔들 영화입니다. 주인공이 쉴 수야 없지요."

리는 기쁜 얼굴로 주먹을 불끈 쥐었다. 할리우드에서 리는 주인공역을 한 번도 하지 못했다. 태평양을 건너 홍콩으로 돌아오며 리는 반드시 할리우드의 벽을 넘겠다고 맹세했었다. 그 순간이 점점 가까이 다가오고 있었던 것이다.

〈용쟁호투〉의 마지막 필름 작업을 하던 날이었다.

직원들이 모두 돌아간 후에도 리는 자리에 앉아 있었다. 리는 편집된 필름을 꼼꼼하게 점검하고 문제점을 찾기 위해 애썼다. 작업에 정신이 팔려 저녁도 거른 상태였다. 연기를 할 때와 다름없이 리의 눈은 열정으로 빛났다. 〈용쟁호투〉는 모든 면에 있어 만족스러운 영화였다. 그동안 찍었던 〈당산대형〉과 〈정무문〉, 〈맹룡과강〉과는 차원이 다른 영화였다. 할리우드 식의 촬영술이 도입되었고 많은 외국 배우들이 참여했다. 대본도 정식 시나리오 작가에 의해 정교하게 만들어졌다.

다음 날 아침 다른 직원들이 출근했을 때 리는 여전히 의자에 앉아 있었다.

"오늘도 일찍 나오셨네요?"

직원은 리가 밤을 새운 줄 까맣게 모르고 있었다. 깜짝 놀란 리가 되물었다.

"벌써 시간이 그렇게 되었나요?"

의자에서 일어서던 리의 몸이 중심을 잃고 기우뚱했다. 사람들이 달려오자 리는 손을 내저었다.

"괜찮아요."

그때 극심한 두통이 몰려왔다. 리는 순간적으로 정신을 잃고 쓰러졌다. 조명 담당 직원이 달려나가 막 출근 중인 추 사장에게 이 사실을 알렸다. 추 사장에 의해 리는 즉시 병원으로 옮겨졌다. 리는 가쁘게 숨을 몰아쉬며 신음했다. 점점 열이 높아 갔고 리는 괴로운 듯 몸을 뒤틀었다. 잠시 후 리는 경련을 일으키며 정신을 잃었다.

리가 정신을 차린 것은 그로부터 두 시간 뒤였다. 눈을 뜨자 걱정스러운 얼굴로 침대 곁을 지키고 있는 사람들이 보였다. 가까스로 몸을 일으키며 리가 말했다.

"내가 너무 무리를 했나 봐요. 걱정을 끼쳐 미안해요."

옆에서 추 사장이 위로했다.

"강철도 부러질 때가 있군. 이제 좀 쉬어 가며 하게."

퇴원을 했지만 의사들은 리가 무슨 이유로 졸도를 했는지 원인을 밝혀 내지 못했다. 며칠 뒤 리는 더 정밀한 검사를 받기 위해 미국으로 건너갔다. 5월 하순, 리는 로스앤젤레스에 도착했다. 그곳의 한 병원에서 며칠에 걸쳐 종합 진찰을 받았다. 그러나 그곳 의사들 역시 리의 문제가 무엇인지 알아내지 못했다. 오히려 리의 몸이 10대 소년과 같다고 칭찬만 늘어놓았다.

진단이 끝나자 리는 아내에게 장거리 전화를 걸었다.

"여보, 사람은 언젠가 한 번은 죽겠지?"

오랜만에 듣는 남편의 목소리였다. 남편의 힘없는 목소리에 린다는 가슴이 찢어질 듯 아팠다.

"왜 약한 소리를 하세요."

목이 메어 왔으나 린다는 애써 침착함을 유지했다.

"난 아무래도 당신보다 먼저 죽게 될 것 같아."

리는 평소답지 않게 자꾸 약한 소리를 했다.

"싫어요, 그런 말씀…… 당신은 누구보다 건강한걸요."

"그럴까? 오래도록 당신과 행복했으면 좋겠는데……."

"그럼요. 그럴 수 있어요."

"요즘은 자꾸 어린 날의 환영이 보여."

"환영이라뇨?"

린다가 놀라 물었다.

"나비 떼를 쫓던 기억 말이야. 나비 떼가, 그 새하얀 나비 떼가 자꾸만 나를 부르는 것 같아……."

며칠 뒤 리는 또 쓰러졌다. 식사를 하기 위해 들어간 레스토랑에서였다. 병원에 입원했지만 이번에도 의사들은 뾰족한 이유를 발견하지 못했다. 할 수 없이 리는 홍콩으로 돌아왔다. 홍콩으로 돌아오자 할 일이 태산처럼 리를 기다리고 있었다.

그 사건 이후 리는 눈에 띄게 초췌해져 갔다. 또다시 쓰러질지 모른다는 생각이 들었고 시시각각 불안한 마음이 엄습했다. 그때마다 리는 스승의 말을 떠올렸다. 스승은 어떠한 어려움이 닥쳐도 마음의 평정을 잃지 말라고 가르쳤다. 두려움이라는 적은 내부에 있는지도 모른다고 리는 생각했다.

'그래, 목숨은 하늘에 달린 것이다. 삶의 마지막 순간까지 최선을 다하자.'

홍콩으로 돌아온 리는 곧바로 〈사망유희〉 촬영 준비에 들어갔다.

〈사망유희〉는 〈용쟁호투〉 촬영 직전 대본과 날씨 문제로 인해 일시 중단했던 영화였다. 〈007〉 영화로 유명해진 영국 배우 조지 레젠비를 상대 주연급으로 정하고 시나리오를 수정했다. 그사이 두 달의 시간이 흘렀다. 두 달 동안 리는 시시각각 자신을 조여 오는 죽음의 그림자와 싸워야 했다. 죽음에 대한 공포는 어느 날 갑자기 그를 찾아왔고 그것은 점차 현실로 모습을 드러냈다.

무술 연습과 영화 촬영을 제외한 많은 시간을 리는 자신의 서재에서 보냈다. 서재는 넓은 정원이 내려다보이는 2층에 자리 잡고 있었다. 서재에는 리가 유년 시절부터 수집하고 탐독한 엄청난 양의 무술 서적들이 차곡차곡 정리되어 있었다. 무술 서적만 놓고 본다면 그 어떤 도서관보다 책이 많았다. 리는 종종 서재에서 책을 읽거나 사색에 잠겼다.

리가 서재에 앉아 있을 때 아들 국호와 딸 향응은 정원 곳곳을 놀이터 삼아 뛰어다녔다. 정원에는 연못과 함께 각종 나무가 잘 가꾸어져 있었다. 1973년, 리는 서른세 살이 되었고 국호와 향응은 각각 아홉 살, 여섯 살이었다. 아이들의 장난에는 때때로 아내 린다도 가세했다. 아내와 아이들의 웃음소리가 들려오면 리는 책 읽기를 멈추고 서재의 창문을 활짝 열었다. 리는 흐뭇한 표정으로 아내와 아이들을 내려다보며 행복에 젖곤 했다.

1973년 7월 20일.

그날은 아침부터 비가 내리고 바람이 불었다. 강한 태풍이 홍콩을 향해 다가오고 있었다. 텔레비전에서는 실시간으로 태풍에 대비하라는 방송이 흘러나왔다. 바람이 거세지면서 가로수들이 부러지고 지붕의 기왓장들이 날아올랐다. 오전 내내 을씨년스러운 날씨가 계속되었다.

아침에 잠자리에서 일어난 리는 머리에 가벼운 미열을 느꼈다. 날씨 때문인지 기분도 좋지 않았다. 거르지 않고 계속해 오던 운동을 할 수 없을 정도로 몸이 묵직했다. 샌드백을 몇 번 치다가 리는 곧장 서재로 들어갔다. 운동을 거른 것은 이사를 한 이후 처음 있는 일이었다. 가누기 힘들 정도로 몸이 피곤했다.

오후 1시가 되었다.

리는 종일 〈사망유희〉의 대본을 들여다보고 있었다. 오전에는 한국
에 나가 있는 답사 팀으로부터 전화가 왔다. 홍콩과 달리 한국의 날씨

는 촬영에 지장이 없을 정도로 맑게 개어 있다는 것이었다. 몇 군데 수정을 거친 대본도 마음에 들었다. 대본을 들여다보며 리는 자신이 연기해야 할 무술 장면에 대해 깊은 생각에 잠겼다. 그동안 보여 준 무술들과 확연히 다른 동작을 만들어 내기 위해 고심했던 것이다.

린다가 들어온 것은 잠시 뒤였다.

"태풍이 오려나 봐요."

린다는 반찬거리를 사기 위해 외출하는 중이었다.

"상의할 게 있어 저녁에 추 사장을 만나기로 했소."

리가 아내를 보며 말했다. 기다리지 말고 먼저 저녁 식사를 하라는 뜻이었다.

"그래요? 그럼 잘 다녀오세요."

린다는 다른 날과 다름없이 리의 입술에 가볍게 입을 맞추었다. 이것이 두 사람 사이에 나눈 마지막 키스가 되었다.

리는 추 사장과 함께 〈사망유희〉에 출연할 배우들을 만나기로 돼 있었다. 린다가 나간 뒤 30분도 안 돼 추 사장이 차를 가지고 리를 찾아왔다. 리를 태운 추 사장은 차를 몰아 여배우 정패의 아파트로 향했다. 정패는 〈사망유희〉에 출연하기로 내정된 배우였다. 리와 추 사장은 정패를 만나 대본 문제를 의논한 뒤 함께 나가 〈007〉의 주연 배우였던 조지를 만날 계획이었다. 조지는 오후 비행기로 영국에서 홍콩으로 날아오게 돼 있었다.

그런데 정패의 집에 도착했을 때 문제가 발생했다. 리가 갑자기 두통을 느꼈던 것이다. 지난번의 실신 사건이 떠올라 리는 일순간 당황했다. 하지만 곧 정신을 차렸다. 추 사장이 괜찮으냐고 묻자 리는 가벼운 두통이라고 대답했다.

머리를 문지르며 리는 정패와 더불어 대본에 대한 얘기를 나누었다. 그러나 얘기는 계속되지 못했다. 두통이 점점 심해졌기 때문이었다. 두통은 집요하게 머리 곳곳을 짓눌렀다. 리의 정신은 시간이 지날수록 혼미해졌다. 추 사장과 정패는 리를 부축하여 침대에 눕혔다. 두통을 호소할 뿐 특별한 변화를 보이지는 않았다. 전에도 종종 리는 두통을 호소했고 그 상황을 기억하는 추 사장은 크게 걱정하지 않았다.

"조금만 안정하면 곧 괜찮아질 겁니다. 염려를 끼쳐서 미안해요."

침대에 누운 리가 중얼거렸다. 그사이 조지와의 약속 시간이 다가오고 있었다. 할 수 없이 추 사장은 홀로 조지를 만나기 위해 밖으로 나갔다. 정패는 리를 돌보기 위해 집에 남았다. 문을 열고 나가는 추 사장을 향해 리가 간신히 말했다.

"먼저 가서 말씀 나누세요. 곧 뒤따라 나갈게요."

리는 정패가 주는 두통약을 먹고 잠들었다. 머리가 나으면 약속 장소로 나갈 생각이었다. 리가 잠든 것을 확인한 정패는 거실로 나와 텔레비전을 켰다. 홍콩은 시간이 지날수록 태풍의 영향권 안으로 들어갔다. 거리에는 비가 흩뿌렸고 항구의 배들은 바삐 안전한 곳으로 옮겨졌다. 거리에 사람과 자동차는 눈에 띄게 줄어들었다. 텔레비전은 온통 태풍에 관한 뉴스뿐이었다.

한편 밖으로 나온 추 사장은 홍콩에 도착한 조지를 만났다. 조지는 호텔에 도착하여 짐을 풀고 추 사장을 맞았다. 이미 약속돼 있던 일이었다. 추 사장은 시간을 끌었다. 리가 나올 때까지 기다려야 했기 때문이다. 그러나 밤 9시가 넘어도 리는 나타나지 않았다. 추 사장은 이상한 생각이 들어 정패의 집으로 전화를 걸었다.

"어떻게 된 거야?"

추 사장이 물었다.

"피곤한가 봐요."

정패는 리가 아직 자고 있다고 대답했다. 추 사장은 버럭 화를 냈다.

"깨워! 깨우란 말이야."

정패는 조심스럽게 리의 상태를 살피고 돌아왔다. 흔들어도 반응이 없을 정도로 리는 깊이 잠들어 있었다.

"아무래도 깨우지 않는 게 좋겠어요."

"그래도 그렇지. 외국에서 온 손님을 이렇게 기다리게 하면 되나."

전화를 끊고 자리로 돌아온 추 사장은 조지에게 양해를 구했다. 그때 불길한 생각이 머리를 스쳤다. 리가 두통을 호소하며 의식을 잃었던 두 달 전의 일이 불현듯 떠올랐다.

추 사장은 다급히 차를 몰아 정패의 집으로 돌아왔다. 리는 침대에

얌전히 누워 있었다. 편안해 보이는 얼굴이었다. 추 사장은 조심스럽게 리의 몸을 흔들었다. 정패가 말한 그대로였다. 다른 날 같으면 리는 번개처럼 빠르게 몸을 일으켰을 터였다. 오랜 무술 수련으로 인해 반사 신경이 뛰어났기 때문이었다. 그러나 리는 움직이지 않았다. 추 사장은 재빨리 리의 심장에 귀를 갖다 댔다. 심장 박동은 거의 느껴지지 않을 정도로 미세했다. 뺨을 때리고 몸을 흔들었지만 전혀 반응이 없었다.

한편 린다는 다른 날과 다름없이 거실에 앉아 텔레비전을 보고 있었다. 태풍이 본격적으로 상륙하면서 창밖엔 비가 뿌리기 시작했다. 바람이 드세져 유리창이 덜컹덜컹 흔들렸다. 커튼을 치고 소파로 돌아왔을 때 전화벨이 요란하게 울렸다. 전화벨이 울리는 순간 린다의 심장은 빠르게 뛰었다. 직감적으로 기분이 좋지 않았다. 아니나 다를까. 전화를 받자마자 수화기 저편에서 추 사장의 다급한 목소리가 들려왔다.

"지금 급히 엘리자베스 병원으로 오세요."

린다는 놀라움으로 가슴이 터질 듯했다.

리에게 무슨 일이 벌어졌다는 생각에 몸이 덜덜 떨렸다. 린다가 도착하자 때맞춰 구급차에 실려 리가 도착했다. 추 사장이 정패의 집을 출발하면서 전화를 건 모양이었다. 빗줄기가 세차게 뿌리는 가운데 리는 응급실로 옮겨졌다. 의사들은 리에게 산소마스크를 씌운 채 심장 마사지를 시작했다. 그때까지도 린다는 리가 죽는다는 것은 상상

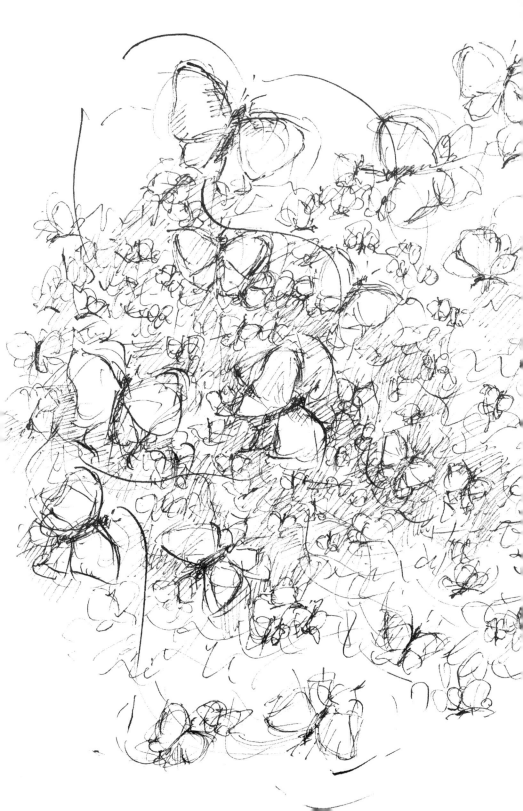

도 하지 못했다. 리는 강인한 남자였다. 리는 절대 쉽게 죽을 사람이
아니었다.

"나비 떼를 뒤쫓던 기억이 나……."

린다는 머리를 흔들었다. 오래전에 리와 나누었던 얘기들이 한 장의
영화 필름처럼 스쳐 지나갔다.

"나비 떼요?"

"하루는 어느 시골 마을에 천막을 치고 공연을 하게 되었어. 어른들
이 무대에 정신이 팔려 있는 사이 나는 천막 뒤 공터에서 놀고 있었지.
그런데 갑자기 수백 마리의 나비 떼가 나타난 거야……."

"……."

"날개가 온통 새하얀 나비 떼였어. 너무도 눈이 부셨지……."

전기 충격이 시작되었다. 모니터의 그래프는 정지한 채 같은 신호음
을 반복했다. 의사들이 리를 살리기 위해 다급하게 움직이는 동안 린
다는 눈물을 흘리며 옛 생각을 이어 갔다.

"그래서요?"

"나비 떼를 쫓아 정신없이 뛰기 시작했어. 개울을 지나고 밭을 건너
서 날이 저무는 줄도 모르고……."

시간이 흐를수록 리의 몸은 굳어 갔다. 리는 꿈을 꾸듯 편안한 얼굴
로 누워 있었다.

"여보, 사람은 언젠가 한 번은 죽겠지?"

"왜 약한 소리를 하세요."

"난 아무래도 당신보다 먼저 죽게 될 것 같아."

"싫어요, 그런 말씀……. 당신은 누구보다 건강한걸요."

"그럴까? 오래도록 당신과 행복했으면 좋겠는데……."

심장이 멎었다.

산소 호흡기를 떼어 내며 의사가 고개를 흔들었다. 심장이 멈춘 이후에도 리의 손은 굳게 쥐어져 있었다. 린다가 손을 내밀자 그제야 주먹이 힘없이 펴졌다. 나비 떼를 쫓아 들판을 내닫는 아이처럼 아무런 근심도 없는 표정이었다. 짧은 생애를 신화로 남겨 둔 채 브루스 리, 그는 절정의 순간 떨어지는 꽃잎처럼 생을 마감했다.

그의 나이 서른셋이었다.

〈용쟁호투〉가 미국에서 개봉된 것은 리가 죽은 지 한 달 뒤였다.

영화는 폭발적인 히트를 기록했다. 가장 인기 있는 영화 시리즈의 하나인 〈대부〉의 흥행 기록을 순식간에 앞질렀다. 〈용쟁호투〉의 인기는 폭풍처럼 세계 곳곳으로 퍼져 나갔다. 상륙하는 곳마다 경이적인 기록이 수립되었다. 이소룡이 죽던 날 영국 런던에서는 〈정무문〉이 관객 신기록을 수립하며 개봉되고 있었다. 그의 죽음이 전해졌을 때 관객들은 모두 자리에서 일어나 명복을 빌었다.

장례식이 열렸을 때 수만 명의 사람들이 거리로 쏟아져 나왔다. '브루스 리, 예술의 바다에 잠들다' 라고 쓰인 만장이 하늘을 향해 펄럭였다. 빈소에 걸린 사진은 리가 〈정무문〉에서 활약할 때 찍은 것이었다. 사진 속에서 리는 푸른색 중국 무도복을 입고 있었다. 리는 날렵하게 공중으로 날아올랐고 어느 날 홀연히 모습을 감추었다.

장례식이 끝난 뒤 리의 시신은 미국의 시애틀로 옮겨졌다. 그는 워싱턴 호가 저만치 내려다보이는 레이크 뷰 공원묘지에 묻혔다. 묘비에는 다음과 같은 글이 새겨져 있다.

브루스 리, 절권도의 창시자 여기 잠들다.

■ **금문녀**

1946년 미국 샌프란시스코에서 만들어진 중국어 영화이다. 아버지로 인해 여섯 살의 이소룡은 영화에 잠시 얼굴을 보이며 데뷔한다. '금문'은 샌프란시스코의 상징인 금문교를 가리킨다.

■ **세로상**

1950년에 만들어진 광둥어 영화이다. 당시에 인기를 끌던 신문 연재만화를 영화화한 작품으로 이소룡은 차에 치여 죽는 소매치기 소년 역을 맡았다. 이 영화에서 처음으로 조연급 연기를 펼쳤다.

■ 인해고홍

1953년 이소룡이 열세 살 되던 해에 출연한 영화. 홍콩에서 만들어진 최초의 컬러 영화로서 의미가 있다. 이 영화에서 이소룡은 어릴 때 꿈이기도 했던 의사 역을 맡는다. 인해고홍은 '인생의 바다에 떠 있는 단 한 마리의 새끼 새' 라는 뜻이다.

■ 뇌우

1957년 작품으로 베스트셀러 소설을 영화화했다. 이 영화에서 이소룡은 뇌우가 치던 밤 비극적으로 감전사하는 역할을 맡았다.

■ 그린 호네트

1966년에서 1967년 사이 미국 폭스 티브이에서 방영된 어린이용 탐정 시리즈 물이다. 이소룡은 이 시리즈 물에서 1인 2역을 수행한다. 하나는 탐정의 조수 겸 운전사 역할이며 또 하나는 탐정이 위기에 처할 때마다 검은 모자와 마스크를 쓰고 번개처럼 나타나 악당을 물리치는 가또라는 신비의 인물 역할이다. 언제나 검은 마스크를 쓰고 있었기 때문에 얼굴이 시청자에게 보여지지 않는 것을 이소룡은 항상 억울해했다.

■ 귀여운 여자

1969년 작품으로 이소룡이 출연한 최초의 할리우드 작품이다. 이 영화에서 이소룡은 악당의 부하로 등장하며 결투 도중 옥상에서 떨어져 죽는 연기를 펼쳤다.

■ 롱 스트리트

1970년도에 방영된 텔레비전 시리즈 물이며 이소룡은 이 프로그램의 3회분 파트인 〈절권도〉 부분에 출연했다. 이 시리즈에서 이소룡은 맹인에게 절권도를 가르쳐 악당과 대결하도록 한다.

■ 당산대형

홍콩으로 돌아와 골든 하베스트 사와 계약하고 촬영한 첫 작품. 1971년 10월 홍콩에서 개봉, 〈사운드 오브 뮤직〉의 흥행 기록을 단숨에 깨뜨리며 히트한 기념비적인 작품이다. 이소룡이 주연한 최초의 극장용 영화로 이 영화로 인해 이소룡은 홍콩은 물론 아시아 전역의 스타로 발돋움한다. 촬영 무대는 타이. 미국에서는 〈분노의 주먹〉이라는 이름으로 개봉되었다.

■ 정무문

1972년 골든 하베스트 사 작품이다. 이소룡은 독특한 괴조음과 쌍

절곤 묘기를 함께 보여 주며 자신의 액션 스타일을 정립한다. 이 영화에서 이소룡은 중국인을 가리켜 "아시아의 병자가 아니다"라고 소리치는데 이 대사는 많은 중국인 관객들의 호응을 얻었다.

■ **맹룡과강**

1972년 이소룡이 직접 설립한 콩코드 픽처스 사 작품이다. 기획과 각본, 감독, 주연, 음악에 이르기까지 영화 전부를 이소룡이 도맡아 제작한 영화이다. 영화는 이탈리아 로마에서 몇 주간의 현지 촬영으로 진행되었으며 로마 원형 경기장에서 벌어지는 척 노리스와의 대결 장면이 압권이다.

■ **용쟁호투**

1973년 이소룡이 할리우드의 워너브라더스와 합작하여 만든 영화이다. 개봉과 동시에 전 세계적으로 흥행 돌풍을 일으켰다. 사실상 이소룡이 출연한 마지막 유작이다.

■ **사망유희**

이소룡이 직접 각본과 주연을 맡아 촬영했던 영화이다. 그러나 촬영이 30퍼센트 정도 진행되었을 때 대본 문제로 촬영이 중단되었다. 몇 가지 문제와 함께 〈용쟁호투〉의 제작 시기와 겹치면서 이소룡은 영화의 제작을 뒤로 미루었는데 죽음으로 인해 완성을 보지 못했다. 이소룡 사후에 스토리를 고치고 대역을 써서 영화가 완성되었다. 키가 2미터 20센티미터에 육박하는 농구 선수 출신 압둘 자바와의 라스트 신이 인상적이다.

절권도 소개

■ **정의**

'절권'은 공격해 오는 상대의 주먹을 끊는다는 의미를 지닌 단어이다.

절권도는 각종 무술에서 사용되는 동작을 총망라하여 개발되었다. 불필요한 동작을 제외하고 실전에서 사용 가능한 기술로만 만들어진 실전 무술이다. 절권도의 동작은 흐르는 물과도 같다. 절권도에는 부드러움과 강함이 골고루 내포되어 있으며, 공격과 방어가 하나로 연결되어 거침없이 이어진다. 절권도에는 준비 동작이나 격식이 따로 존재하지 않는다. 절권도의 형은 무형이며 동시에 유형이다.

물이 흐르듯 순간순간 형이 존재하는 것, 그것이 절권도다.

절권도는 1967년 세계적인 무도 잡지 〈블랙벨트〉에 의해 최초로 공개됐다.

이소룡이 영화배우로 알려지긴 했지만 그에게 있어 영화는 절권도를 표현하기 위한 하나의 방법이었을 뿐이다.

■ 활용

절권도는 철저히 형식을 파괴하라고 가르친다. 형식은 도구일 뿐이며 중요한 것은 마음이라는 얘기이다. 절권도 수련법은 통상 다음과 같은 여섯 개의 장으로 구분된다. 그러나 이것은 절권도를 소개하기 위한 편의상의 방법이지 실제 절권도의 형식적 구분이 아니다.

가. 마음 다스리기

절권도는 다른 무술과 달리 무엇보다 무도인의 마음 자세를 중시한다. 절권도의 가장 이상적인 싸움 방법은 싸우지 않고 적을 굴복시키는 것이다. 절권도는 동작 수련만큼이나 개인의 명상을 강조한다. 나는 왜 무도를 익히려고 하는가. 나는 무엇을 위해 이기려고 하는가. 절권도는 그 기술을 사용하려는 수련생들로 하여금 끊임없이 질문을 던지게 만든다. 마음을 다스릴 줄 아는 무도인은 자신의 기술을 함부로 사용하지 않는다. 꼭 필요한 자리, 필요한 장소에서만 춤을 추듯 자신의 기술을 폭발시킨다. 마음과 육체는 어떤 경우에도 분리될 수 없다. 그것이 절권도의 시작이다.

나. 치기

인간은 매일 손을 사용한다. 손의 사용은 모든 동작의 기본이 된다. 상대가 느끼지 못할 만큼의 빠른 손놀림. 정확하고 연속적인 공격. 가장 짧은 거리에서 적의 급소만을 노리는 것. 이것은 손을 사용하는 동작의 기본이다. 마음을 적의 급소에 집중하라. 몸의 체중을 손끝에 실어야 한다. 체중이 실리지 않는 손동작은 공허하다. 가볍고 빠르게 손을 놀리되 손이 적의 몸에 닿는 순간 온몸의 체중이 실려야 한다. 효과적인 손동작을 위해 허리와 팔, 신체 각 부분을 꾸준히 단련해야 한다.

다. 차기

발차기 동작은 뛰어난 균형 감각을 요한다. 상체의 중심을 잃지 말고 표적에 집중하라. 중심을 비우면 적은 그 중심으로 들어온다. 체중을 실어 정확하게 찰 수 있도록 노력하라. 상대에 따라 차기의 높이와 방향을 조절하라. 어떤 상황에서도 발을 날릴 수 있도록 각종 발차기 동작을 모두 소화하라.

라. 응용

모든 동작에 정해진 규칙은 없다. 규칙을 고집하는 것보다 강하게 효과적으로 명중시키는 것이 중요하다. 기본 동작을 착실히 수련한 후 동작을 응용하라. 모든 무술의 형은 정해져 있지 않고 물처럼 흐른다.

마. 무기 사용

무기는 효율적으로 사용되어야 한다. 하지만 정해진 무기란 존재하지 않는다. 주변에서 흔히 볼 수 있는 모든 기물을 무기로 응용할 줄 알아야 한다. 이렇듯 절권도는 사물과 자신을 일치시키는 데서 출발한다. 평소에 기물을 이용해 수련하는 법을 게을리 하지 말아야 한다. 실전에서는 먼저 마음과 몸을 일치시켜라. 그 다음 사물에 몸을 맡기고 함께 호흡하라.

바. 집단 격투

집단 격투의 관건은 흐름에 달렸다. 적은 정지해 있고 나는 흐른다. 기물을 등지고 적의 공격 범위를 3면으로 좁혀라. 눈 이외의 모든 감각을 동원하라. 적은 동시에 오며 사방에서 온다. 한 사람에 집중하지 말고 좌우를 동시에 경계하라. 한 동작이 실현될 때 마음은 다음 동작을 준비하라. 가장 강한 적을 먼저 쓰러뜨리면 나머지는 저

절로 무너진다.

■ **철학**

절권도가 다른 무술과 구별되는 가장 중요한 차이점은 '자아에 대해 질문'을 던지는 데에 있다. 절권도는 상대를 이기기 위한 동작이기 이전에 '나'가 누구인지 수련을 통해 질문을 던져 가는 과정의 무술이다.

절권도는 정해진 것으로 정해지지 않은 것을 상대하고 법이 없는 가운데 법을 상대한다. 절권도는 그 자체가 철학이고 삶이며 인생이다. 절권도에 있어 최고의 경지는 존재하지 않는다. 절권도는 수련을 행하는 과정에 중요한 의의를 두는 무술이다. 가장 이상적인 무도의 궁극은 힘겨운 수련 과정을 통해 자아를 발견해 갈 때 이루어진다. 그때 절권도는 비로소 완성된다.

이소룡 연보

1940년 11월 27일 저녁 8시경. 미국 샌프란시스코에 있는 중국인 병원에서 아버지 이해천과 어머니 그레이스 리 사이에서 출생. 본명은 이진번이며 미국명은 브루스 리. 3남 2녀 중 넷째로 출생. 후에 남동생이 태어남.

1946년 샌프란시스코에서 만들어진 중국어 영화 〈금문녀〉에 아역으로 출연하며 영화배우로 데뷔.

1947년 가족들과 함께 홍콩으로 돌아옴. 아버지를 따라 태극권 수련.

1949년 〈세로상〉이라는 영화에 소매치기 역할로 출연. 이소룡이라는 예명을 이때 처음으로 사용.

1950년 영화 〈인지초〉에 소꿉친구 소기린과 나란히 출연.

1953년 중학교 입학. 스승 엽문에게서 영춘권을 배우기 시작. 홍콩 최초의 컬러 영화인 〈인해고홍〉에 출연. 성방제 중학으로 전학. 〈부귀부운〉, 〈고성혈루〉 등 대여섯 편의 영화에 단역으로 출연.

1957년 〈뇌우〉에 조연으로 출연.

1958년 차차차 댄스의 홍콩 선수권 획득. 복싱 홍콩 학생 챔피언 타이틀 획득. 단돈 100달러를 가지고 미국으로 건너감. 댄스 클럽 강사, 식당 종업원, 버스 안내원 등을 전전.

1959년 에디슨 직업 고등학교 입학.

1962년 시애틀 소재 워싱턴 주립 대학 철학과에 입학.

1963년 차이나타운 안에 권법 도장을 개설.

1964년 롱비치에서 열린 무술 대회에 게스트로 참가. 처음으로 절권도 시범을 보임.

1965년 대학 동창 린다 에머리와 결혼. 3학년 재학 중 대학 중퇴. 아들 국호 태어남.

1966년 20세기폭스 사 스튜디오 안에 권법 도장을 개설하고 다수의 텔레비전 작품에 무술 지도. 〈그린 호네트〉라는 텔레비전 시리즈 물에 조연인 가또 역으로 출연.

1968년 딸 향응 출생.

1969년 할리우드 영화 〈귀여운 여자〉에 단역으로 출연.

1970년 텔레비전 극 〈롱 스트리트〉에 조연으로 출연. 〈조용한 피리 소리〉라는 영화에 주연으로 캐스팅되었으나 취소됨.

1971년 홍콩으로 이주하고 골든 하베스트와 계약. 〈당산대형〉과 〈정무문〉에 주인공으로 출연. 〈당산대형〉이 개봉과 함께 크게 히트함.

1972년 〈정무문〉 개봉, 폭발적 히트. 콩코드 픽처스 영화사를 설립하고 직접 각본과 감독, 주연한 영화 〈맹룡과강〉을 이탈리아에서 모든 장면을 현지 촬영함. 홍콩으로 돌아와 〈사망유희〉 촬영에 돌입했으나 30퍼센트 진행 후 일시 중단.

1973년 할리우드와의 합작 영화 〈용쟁호투〉에 주인공으로 출연. 7월 20일 자정, 두통을 호소하다 의식을 잃고 쓰러져 사망. 미국 시애틀에 있는 레이크 뷰 공원묘지에 묻힘.

청소년 평전을 펴내며

네덜란드를 대표하는 화가 렘브란트는 다른 화가들과 달리 유독 자신의 자화상을 많이 그린 것으로 유명합니다. 패기 있고 오만하던 젊은 시절의 활기찬 모습부터 보잘것없고 실패한 노년의 추잡한 모습까지 그는 자신의 모습을 정직하게 그렸습니다. 여느 다른 화가였다면 아름답게 치장했을 자신의 모습을 아무 여과 없이 담담하게 그린 렘브란트의 그림은 바로 그런 이유 때문에 보는 사람들의 마음을 사로잡는 것일지도 모릅니다. 한 사람의 생애를, 그것도 자신의 분야에서 족적을 남긴 사람의 진솔한 생애를 감상한다는 것만큼 감동적인 일도 드물 것입니다. 한 사람에 대한 평전이 소설이나 시보다 독자의 가슴을 더

뭉클하게 만드는 이유도 여기에 있을 것입니다.

그런데 그 위인전들을 보면 그것들은 하나같이 틀에 박힌 위인의 전형들만을 보여주고 있습니다. 때때로 그런 위인전을 보고 있노라면 오히려 위인들은 우리 같은 평범한 인간이 아니라는 생각이 들어서 괴리감마저 느끼게 됩니다. 나름대로 위인들의 삶에 자신의 삶을 비추어보려는 반성을 하게 되면서도 한편으로는 마음속 깊이 거부감이 드는 것을 막을 수 없었던 것도 이런 이유들 때문이었을 것입니다.

평전이 소설과는 다른 감동을 주는 것은 실존했던 한 사람의 이야기이기 때문입니다. 그래서 평전의 감동을 살릴 수 있는 가장 평전다운 평전은 독자에게 교훈을 줘야 한다는 강박관념 때문에 억지로 꾸며낸 이야기가 아닌 그 사람의 진솔한 모습을 보여주는 평전입니다. '청소년 평전'은 바로 평전다운 평전을 청소년 여러분들에게 선사하는 것이 목적입니다. 판에 박힌 위인이라는 틀을 제시하는 것은 이제 청소년들의 사고에 전혀 도움을 주지 못합니다. 오히려 때로는 위험스러워 보이는 일탈 행위도 서슴지 않았던 그런 사람들의 진지한 고민은 무엇이었으며, 그러한 고민이 어떤 방식으로 승화되어 한 분야의 위대한 업적을 낳게 되었는지를 보여주는 것이야말로 훌륭한 평전의 조건일 것입니다.

그래서 '청소년 평전' 총서의 기획 목록에는 기존의 위대한 정치가, 노벨상 수상자들의 이름도 들어 있지만 약물 중독자, 전범자 등의 이름도 들어 있습니다. 우리나라에서 한때 위인전은 정치적인 의도로 만들어지기도 했습니다. 가령 70년대에는 막사이사이, 장개석, 드골과 같은 독재 정치가들이 위인의 전형으로 미화되기도 하였습니다. 이런 평전들이 당시 어린이들과 청소년들의 사고에 어떤 영향을 미쳤을지는 뻔합니다. 물론 지금 이런 인물들에 대한 평전이 전혀 불필요한 것만은 아닙니다. 하지만 우리가 이런 인물들을 다룬다면 다른 모습으로 그들의 인간적인 욕망과 고뇌, 당시의 상황, 그리고 잘못된 정치적 판단을 적나라하게 보여주는 평전을 만들 것입니다.

우리와 동떨어진 말 그대로 위인을 보고 자신의 삶을 반추하는 것은 이제 시대에 뒤떨어진 발상입니다. 나와 똑같은 인간적인 갈등과 세속적 욕망, 벗어날 수 없는 고뇌를 겪으면서 그것을 자신만의 독특한 방식으로 승화하는 다른 사람들의 삶을 읽어가는 간접적인 체험 속에서 인물과 독자의 삶이 교차할 수 있을 것입니다. 출판사가 '청소년 평전'은 여러분들에게 미리 계획되고 준비된 교훈을 주려 하지 않습니다. 여러분 자신이 직접 많은 진솔한 삶 속으로 들어가서 그들의 치열한 삶을 여행하고 나오기를 바랄 뿐입니다. 이 여행으로부터 무엇을 얻는가는 전적으로 청소년 독자 여러분들의 몫일 것입니다.

청소년 토지

박경리 원작 대하소설 토지문학연구회 엮음 | 전12권 | 각권 8,000원

"나는 항상 청소년들이 토지를 읽어 주기를 열망해 왔습니다."

청소년 여러분들에게는 잊어야 할 그때 그 시절, 잊지 말아야 하는 그때 그 기억은 없을 것입니다. 그러나 단순히 그 시절을 전하기 위해, 일깨우기 위해 이 글을 쓰는 것은 아닙니다. 인류와 이 세상에 생을 받아 나온 모든 생명들의 삶의 부조리, 그것에 대응하여 살아남는 모습, 존재의 본질적 추구를 같이 생각해 보자는 것입니다.

—청소년에게 드리는 말씀 중에서

누구나 쉽게 읽고 감동할 수 있는 전 국민의 필독서!!

《청소년 토지》는 방대한 양과 수많은 등장인물, 복잡하게 얽혀 있는 사건들로 인해 청소년뿐만 아니라 일반 독자들이 읽기에는 다소 부담스러웠던 원작을 저자 박경리 선생과 《토지》 연구위원들의 철저한 검증을 통해 전체적 흐름이나 사상, 호흡과 느낌을 최대한 살리면서 새롭게 만들었다. 아울러 원작의 느낌을 보다 더 풍부하고 생동감 있게 살리기 위해 동양화가 김옥재 선생의 삽화를 곁들였다. 또한 각권 말미에는 역사적 배경이 되는 사건과 주요 등장인물에 대해 정리하여 전체적인 이해를 돕고 있다.

세기를 넘어서는 우리 시대 최고의 문학 작품!!

《청소년 토지》는 제5부 전 12권으로 구성되어 있다. 경남 하동의 평사리를 무대로 5대째 대지주로 군림하고 있는 최 참판댁과 그 소작인들의 이야기를 다룬 제1부에 이어 제2부에서는 간도에 정착한 최서희 일행의 행적을 다루고 있다. 제3부에서는 1919년 이후 3·1운동의 후유증에 시달리는 지식인들의 갈등과 혼란상, 제4부에서는 조선과 일본의 역사와 문화, 사상, 민족성 등에 대한 깊은 통찰이 전편에 흐른다. 마지막 제5부에서는 억압을 견뎌내는 우리 민족의 삶이 다양하게 펼쳐지면서 해방을 기점으로 대단원의 막을 내린다.

　한 사람의 생애를, 그것도 자신의 분야에서 족적을 남긴 사람의 진술한 생애를 감상하는 것만큼 감동적인 일도 드물 것입니다. 그런데 그 위인전들을 보면 오히려 위인은 우리 같은 평범한 인간이 아니라는 생각이 들어서 괴리감마저 느끼게 됩니다. 나와 똑같은 인간적인 갈등과 세속적 욕망, 벗어날 수 없는 고뇌를 겪으면서 그것을 자신만의 독특한 방식으로 승화하는 다른 사람들의 삶을 읽어가는 간접적인 체험 속에서 인물과 독자의 삶이 교차할 수 있을 것입니다. '청소년 평전'은 여러분들에게 미리 계획되고 준비된 교훈이 아니라 여러분 자신이 직접 그들의 진술하고 치열한 삶을 여행하고 나오기를 바라는 마음에서 기획되고 만들어진 책입니다.

01 큰의사 노먼 베쑨 norman bethun
이원준 지음 | 207쪽 | 값 7,500원

민중과 함께 전장을 누빈 "맨발의 의사"

세계 최초로 전장에서 혈액은행을 운영해 수많은 부상병들의 목숨을 구한 의사 노먼 베쑨. 그는 조국 캐나다에서의 의료 활동으로 높은 명성과 안락한 생활을 누릴 수 있었으나 가난하고 힘없는 민중과 함께했다.

노먼 베쑨의 뜨거운 인류애는 세계 곳곳에서 발현된다. 파시즘에 대항해 민주주의를 지키려고 싸우는 스페인에서, 일본 제국주의에 맞서 싸우는 중국에서, 그는 죽음을 무릅쓰고 전장을 지켰다.

02 스크린의 독재자 찰리 채플린 Charles Chaplin
김별아 지음 | 208쪽 | 값 7,500원

특유의 우스꽝스러운 몸짓으로 전 세계인에게 웃음을 주었던 희극배우

헐렁헐렁한 바지, 털럭거리는 큰 구두, 거기에 지팡이와 굴뚝 모자에 칫솔처럼 조그만 콧수염……. 채플린을 생각하면 떠오르는 모습이다. 그는 지금도 여전히 사람들을 웃긴

다. 울리면서 웃긴다. 눈물을 흘리면서 웃을 수 있는 것이다. 어린아이부터 노인들까지, 흑인이든 백인이든 황인종이든, 어떤 언어를 쓰는 어떤 나라든 채플린의 영화는 모두 통한다. 그래서 채플린의 영화는 위대하다.

그가 창조해 낸 떠돌이 방랑자 찰리는 모두의 다정하고 슬픈 친구다. 그래서 떠돌이 방랑자 찰리는 죽을 수 없다. 영원히 사람들의 마음에 살아 있는 것이다.

03 드래곤의 전설 이소룡 Bruce Lee
권정현 지음 | 164쪽 | 값 7,500원

스스로 신화가 되어 전설 속으로 사라진 사나이

그는 여전히 많은 사람들의 가슴속에 살아 있다. 단순히 무술 영화 몇 편에서 주연을 맡은 연기자가 아니라 그는 실전 무도를 몸에 익힌 당대 최고의 무술인 가운데 한 사람이었다. 그는 자신의 노력만으로 미국에서 최초로 스타의 위치에 오른 동양인 배우였다.

이소룡은 무술을 배우기에는 치명적인 신체 조건을 가지고 있었다. 한쪽 다리가 다른 쪽에 비해 2.5센티미터나 짧았던 것이다. 시력도 형편없었다. 지독한 근시여서 가까운 곳의 사물조차 구별하는 데 늘 애를 먹었다. 그러나 이러한 신체적 조건들이 무술을 향한 한 인간의 집념에는 장애가 되지 못했다.

우리 집 고양이는 열애 중

인간 세상의 모든 것을
되돌아보게 하는 위트와 풍자!

L. 버지니아 브라운·린다 햄너 지음 | 나채성 옮김 | 값 8,000원
캣닙 들판을 꿈꾸는 것으로부터 주인을 미치게 만드는 일까지, 고양이 클레오와 티론의 하루는 정신없이 바쁘기만 하다. 하지만 그 와중에도 서로에게 편지와 생각을 나눌 시간만큼은 놓치지 않는다. 그들은 개와 패션, 부동산, 의학, 맛좋은 음식, 영화, 시, 주인들의 한심한 사교 생활에 대해서까지 다양한 의견을 교환하고 있다.

거미 길들이기를 배운 날

유타 리히터가 전해주는
산소 치료제 같은 청소년 사회
소설

유타 리히터 지음 | 남문희 옮김 | 값 7,000원
따돌림, 우정, 배반에 대한 미묘한 심리 변화를 섬세한 필치로 밀도 있게 그려낸 작품. 어린 시절을 회상하는 방식으로 쓰여진, 작가의 자전적 색채가 강한 소설로, 흔히 '왕따'라는 사회 문제를 주요 테마로 하고 있지만, 어른들이 가진 모순된 세계에 대한 유머러스하면서도 따끔한 비판이 어린이의 시각으로 섬세하게 묘사되어 있다.

로베르트, 너 어디 있었니?

한 소년의 역사 여행을 담은
이색적인 작품

한스 마그누스 엔첸스베르거 지음 | 장혜경 옮김 | 값 8,000원
한번 스치고 지나간 것들은 모조리 기억해 내는 환상적인 기억력을 가진 열네 살의 소년, 로베르트! 하지만 눈을 비비면 더 멋진 일이 벌어진다. 시간 여행이 시작되는 것이다. 호기심 어린 눈으로 과거를 들여다보면서 흥미진진한 역사적 사건들이 왜, 어떻게 일어나게 된 것인지를 밝혀 나가는 로베르트의 환상적인 과거 시간 속으로의 여행을 다 함께 떠나 보자.

내 이름은 개

이름이 '개'인 개가 전하는
아름답고 감동적인 이야기

유타 리히터 지음 | 박의춘 옮김 | 값 7,500원
삶 속에서 경험하는 우정과 관계의 문제, 그리고 모든 존재에 대한 애정과 누구나 찾고자 하는 희망을 담고 있는 책. 작가는 이 많은 이야기를 지적이며 위트 있는 필체로 감동적으로 그려내고 있다.
개와 두 아이 사이의 우정, 그리고 들쥐들의 야만스러운 행동에 대항하기 위해 체결된 개와 고양이 사이의 우정을 따뜻하게 그린 감동적인 이야기.